MINISTÈRE DU COMMERCE ET DE L'INDUSTRIE.

EXPOSITION UNIVERSELLE DE 1889, À PARIS.

DIRECTION GÉNÉRALE DE L'EXPLOITATION.

EXPOSITION D'ÉCONOMIE SOCIALE.

ENQUÊTE.

INSTRUCTIONS ET QUESTIONNAIRES.

PARIS.

IMPRIMERIE NATIONALE.

M DCCC LXXXVII.

MINISTÈRE
DU COMMERCE
ET
DE L'INDUSTRIE.

EXPOSITION UNIVERSELLE
DE 1889.

DIRECTION GÉNÉRALE
DE L'EXPLOITATION.

EXPOSITION
D'ÉCONOMIE SOCIALE.

Paris, le 15 octobre 1887.

MONSIEUR LE PRÉSIDENT,

Par arrêté du 9 juin 1887, il a été créé à l'Exposition universelle de 1889 une exposition d'Économie sociale qui comprend quinze sections.

J'ai l'honneur de vous adresser avec la présente circulaire une brochure contenant :

1° Une instruction aux Comités départementaux;

2° L'arrêté du 9 juin 1887, portant création de l'exposition d'Économie sociale avec sa classification en quinze sections et l'exposé des motifs qui en fait connaître le caractère et le but;

3° La liste des membres des Comités d'admission et de la Commission d'organisation de l'exposition d'Économie sociale;

4° Les questionnaires correspondant à chacune des quinze sections.

Ces documents définiront pour vous ainsi que pour vos collègues et, je puis le dire, pour le pays, la nature, le cadre et la portée de cette exposition, qui répond aux préoccupations générales de l'opinion et des pouvoirs publics vis-à-vis des questions sociales. Les Comités départementaux ont à y jouer un rôle considérable, et c'est avec confiance que l'Administration fait appel à leur concours.

Les instructions détaillées que contient la brochure ci-jointe me dispensent d'insister ici sur la manière dont vous aurez à coopérer à la préparation de cette exposition et à l'enquête qui doit en être la préface. Je prie le Comité départemental de s'en pénétrer et de s'y conformer, pour que sa marche concorde avec celle des autres Comités et pour que tous les départements, ayant agi de même, puissent contribuer par des résultats comparables et homogènes au grand travail d'ensemble qui devra plus tard résumer leurs travaux.

Monsieur le Président du Comité départemental d

Si, en cours d'exécution, il surgissait quelque difficulté inattendue, vous voudriez bien m'en référer, ou même, pour gagner du temps, vous adresser aux présidents des comités de section, qui pourront correspondre directement avec vous.

Comme vous le verrez par la lecture des instructions, l'Administration a fait tirer deux éditions des questionnaires : l'une, sous la forme de la brochure ci-jointe qui les comprend tous avec les documents officiels à l'appui; l'autre, par sections isolées.

Le questionnaire collectif devra être réservé aux grands établissements qui peuvent avoir à répondre ou à exposer dans plusieurs sections, et aux personnes dont on aurait à solliciter le concours général.

Mais c'est le questionnaire individuel, sous forme de feuille volante, qui conviendra à la grande généralité des cas, c'est-à-dire pour tous les correspondants dont la spécialité ne dépasse pas les limites d'une section.

Je vous envoie dès aujourd'hui cinq brochures; mais, pour guider mes envois ultérieurs, je vous prie de m'indiquer combien vous désirez de questionnaires complets et de questionnaires partiels, en remarquant que toutes les sections sont loin d'avoir la même clientèle et qu'elles réclament dès lors des nombres très différents de formules.

J'estime qu'il conviendrait de procéder à la constitution *immédiate*, dans le sein de chaque Comité départemental, d'une *commission d'Économie sociale*. S'il y a lieu de proposer l'adjonction à votre Comité de quelques membres d'une compétence spéciale, vous voudrez bien, aux termes de l'arrêté ministériel du 9 juin, vous entendre à cet égard avec M. le Préfet, chargé de faire les propositions au Ministre.

Je vous prie de m'accuser réception de cette communication et de m'indiquer, dans le plus bref délai possible, la composition de la commission d'Économie sociale, avec la désignation de son bureau, en distinguant sur cette liste les noms des membres dont vous auriez demandé l'adjonction par l'entremise de M. le Préfet.

Veuillez agréer, Monsieur le Président, l'assurance de ma considération la plus distinguée.

Le Directeur général,

GEORGES BERGER.

MINISTÈRE DU COMMERCE ET DE L'INDUSTRIE.

EXPOSITION UNIVERSELLE DE 1889, À PARIS.

DIRECTION GÉNÉRALE DE L'EXPLOITATION.

INSTRUCTIONS

AUX COMITÉS DÉPARTEMENTAUX

RELATIVES

À L'EXPOSITION D'ÉCONOMIE SOCIALE

INSTITUÉE PAR L'ARRÊTÉ DU 9 JUIN 1887.

Paris, le 15 octobre 1887.

1. Attributions des Comités départementaux. — Aux termes de l'article 11 de l'arrêté ministériel du 26 août 1886, portant règlement général de l'Exposition universelle de 1889, les Comités départementaux sont chargés de faire connaître, dans toute l'étendue du département, les documents relatifs à l'Exposition, de distribuer les formules de demandes d'admission, de signaler les personnes dont la participation semblerait particulièrement utile, et de provoquer les expositions individuelles ou collectives des produits du département.

En ce qui concerne spécialement l'exposition d'Économie sociale, l'article 2 de l'arrêté du 9 juin 1887 confie en outre au Comité départemental la mission de procéder à une enquête préalable sur les objets, les institutions et les œuvres ressortissant à cette exposition. L'enquête, pour laquelle la Commission d'organisation constituée par l'article 3 du même arrêté a préparé un questionnaire méthodique ci-après annexé, doit servir en même temps à prononcer l'admission des exposants, à faire apprécier leurs mérites respectifs en vue des récompenses; enfin, à fournir de précieux renseignements à la science, à l'administration et aux pouvoirs publics.

On voit, d'après ce qui précède, que, pour l'exposition d'Économie sociale, la tâche du Comité départemental est double.

Il doit, en effet, procéder d'abord à une enquête, puis faire usage de cette enquête pour préparer l'exposition.

I. — ENQUÊTE.

2. Concours spontanés ou provoqués. — Il importe tout d'abord de bien déterminer l'esprit dans lequel doit être faite l'enquête.

La publicité donnée aux arrêtés et aux questionnaires relatifs à l'exposition d'Économie sociale amènera sans doute un certain nombre de dépositions spontanées. « Le Comité départemental, comme le dit expressément l'article 2 de l'arrêté du 9 juin 1887, recueillera les dépositions écrites de toutes les personnes, — sans en exclure aucune —, qui voudront prendre part à l'enquête. »

La porte est ainsi ouverte à tout le monde; mais les initiatives les plus empressées ne sont pas toujours les plus utiles. Il est des mérites qui se cachent et des compétences qui ne s'offrent pas. On aura donc à solliciter des concours. C'est ce que prévoit formellement l'arrêté : « Le Comité s'adressera, pour provoquer les réponses, aux personnes dont le concours lui semblerait désirable. »

Le choix de ces concours étant aussi délicat qu'essentiel au succès, il est nécessaire, pour le guider, de commencer par définir nettement les caractères de l'œuvre à entreprendre.

3. Caractères de l'enquête. — Un de ces premiers caractères, c'est que l'enquête a pour but de constater des faits et non de recueillir des vues idéales; elle ne demande pas à ses correspondants des propositions de réformes, mais des observations précises; en un mot elle recherche, non ce qui pourrait et devrait être, mais ce qui est, de manière à mettre en lumière les louables initiatives d'où qu'elles viennent, les progrès constatés, et à signaler par des récompenses les exemples qui méritent d'être proposés à l'imitation générale.

En s'attachant ainsi aux faits, l'enquête ne doit pas avoir la prétention de lutter avec les statistiques officielles qui les embrassent tous et qui disposent, pour les recueillir, de toutes les ressources de l'organisation administrative. Il ne s'agit donc pas de refaire ces statistiques, mais de les compléter au point de vue social, et pour ainsi dire de les « illustrer » par l'étude attentive d'un certain nombre de types bien choisis.

4. Caractères du questionnaire. — Le questionnaire doit donc être individuel, c'est-à-dire s'adresser à un industriel, un établissement, une institution, tout au plus à une commune, et non pas englober une région tout entière[1]. Plus tard, quand les Comités départementaux auront à centraliser et à dépouiller ces réponses individuelles, ils recevront à temps des instructions détaillées pour le rapport collectif, qui résumera, sous forme de généralités synoptiques, les faits concernant leur circonscription. (Article 2 de l'arrêté du 9 juin.)

Enfin, aux termes de ce même arrêté, l'enquête devant être internationale, il convient que le questionnaire qui en est l'instrument soit préparé en vue non seulement de notre pays, mais encore de l'étranger.

5. Rédaction du questionnaire. — Quant à la rédaction même du questionnaire, elle s'est inspirée des prescriptions de l'arrêté du 9 juin, c'est-à-dire qu'elle a été «préparée de manière à guider les déposants et les enquêteurs tant en France qu'à l'étranger, à faciliter le dépouillement et le classement des réponses, enfin à augmenter l'intérêt pratique de leur rapprochement en les rendant comparables entre elles».

Pour remplir ce rôle, le questionnaire ne pouvait s'en tenir à des énoncés généraux et devait entrer dans certains développements. Toutefois on a essayé d'en masquer en quelque sorte l'étendue, en graduant l'importance relative de ses diverses parties par l'emploi de caractères typographiques d'inégale grandeur.

Ainsi l'on a détaché par des caractères très apparents les titres de chapitres et l'énoncé des paragraphes; les alinéas sont imprimés en caractères courants; enfin l'on a eu recours à des caractères plus fins là où il y avait intérêt à entrer dans de minutieux détails pour se faire comprendre. De la sorte, le lecteur pressé s'en tiendra aux chapitres et aux paragraphes qui suffiront à lui donner déjà la clef du questionnaire; celui qui aura plus de temps ou de zèle abordera les alinéas; enfin celui qui voudra creuser une question spéciale, pour laquelle il a plus de goût ou de compétence, poussera jusqu'aux notes et aux commentaires en petit texte.

Malgré leurs détails, ces questionnaires n'ont pu tout dire et tout prévoir :

[1] Pour l'*Hygiène sociale* (section XIII), on a dû à titre exceptionnel ouvrir un *Questionnaire régional*, qui vise principalement les mesures prises par l'État en cette matière à l'étranger, et qui sera rempli non par un déposant isolé, mais par la commission chargée de centraliser les réponses des déposants de la région (voir le *Nota* de la page 111).

ils ne sont ni complets, ni limitatifs, et le Comité départemental ne devra pas hésiter à y rattacher les réponses aux questions qui, sans être formulées au programme, rentreraient dans le même ordre d'idées.

6. Numérotage des questions. — On s'est demandé s'il ne conviendrait pas de réserver, en face de chacune des questions du questionnaire, un blanc ménagé pour la réponse; mais on a écarté cette solution : d'abord, parce qu'elle aurait doublé au moins le volume du questionnaire; ensuite et surtout, parce qu'il est impossible de proportionner d'avance les dimensions du blanc à celles de la réponse qu'il doit recevoir. Cette étendue varie en effet d'un déposant à un autre. Il est telle question sur laquelle un industriel ne dira qu'un mot, tandis que son voisin en fera l'objet de longs commentaires. Dans tout un questionnaire, un déposant préférera ne s'attacher qu'à un point particulier pour le traiter avec ampleur, tandis qu'il négligera le reste. Les blancs disposés dans ce texte ne sauraient donc, quelle que fût leur mesure, s'adapter à toutes les convenances individuelles, et l'on peut affirmer d'avance qu'ils seraient tour à tour, sinon en même temps, insuffisants et excessifs.

Ce système des blancs en regard des questions présente, il est vrai, l'avantage de réduire au minimum la fatigue du déposant, en mettant à sa disposition une case toute prête pour sa réponse et en lui épargnant la peine de reproduire la question. En vue de retenir l'avantage de ce système sans encourir ses inconvénients, on a adopté un numérotage unique des paragraphes depuis le premier questionnaire jusqu'au dernier. De cette manière, chaque paragraphe a son individualité définie par son numéro matricule, qu'il suffira au déposant d'inscrire en tête de sa réponse, sans qu'il ait besoin de transcrire le titre même de ce paragraphe.

Il lui sera donc facile de choisir dans un questionnaire les questions qu'il lui plaît de traiter en omettant les autres, de même que ce numérotage unique simplifiera plus tard le classement et le dépouillement des réponses

7. Double édition du questionnaire. — Ce questionnaire méthodique a été tiré en deux éditions : l'une collective, pour les quinze sections, sous forme de brochure; l'autre, par petits fascicules spéciaux à chaque section. C'est sous cette dernière forme fractionnée qu'il sera communiqué à la plus grande partie des déposants, le questionnaire collectif étant réservé aux établissements et aux personnes (en petit nombre) dont la situation comporte l'envoi du document complet.

8. Principes généraux pour le choix des types. — A qui doit être adressé le questionnaire collectif ou scindé? — Quels principes doivent guider le Comité dans ses choix?

Pour certaines sections, le Comité n'éprouvera nulle hésitation. Ce sont celles, où, comme dans les sections II, VI, IX, X, le questionnaire ne vise qu'un petit nombre de personnes ou de sociétés. Dans ce cas, le parti le plus simple est de l'envoyer à toutes, sans exception.

En ce qui concerne les autres sections, on ne saurait procéder de même sans être submergé par un flot de réponses de valeurs très inégales ; force est donc d'opérer par sélection, de choisir des types.

Ces types ne seront pas déterminés de même pour toutes les sections. Cependant on peut poser en règle générale qu'ils devront être presque toujours désignés par quelque particularité caractéristique ou quelque mérite exceptionnel. On aura surtout en vue les établissements, les sociétés, les personnes, dont les efforts, caractérisés par le succès, peuvent servir d'exemple et se distinguent, soit par une heureuse innovation, soit par une utile et féconde application des pratiques déjà connues. La notoriété, les récompenses déjà obtenues dans d'autres circonstances seront ici de précieux éléments à consulter.

D'autres fois, au contraire, ce qu'on demandera au type, c'est de représenter fidèlement *la moyenne,* de manière à donner une idée exacte d'un milieu, d'une situation. C'est ce qui aura lieu notamment pour la section XV, où l'on se préoccupe d'établir les positions respectives de la grande et de la petite industrie, de dresser le budget de la famille ouvrière, de suivre les courants d'émigration. Il est clair qu'ici, sous peine de fausser l'étude, il ne faudra pas interroger les communes, les exploitations, les familles qui se détachent de l'ensemble, mais bien celles qui en représentent le mieux les circonstances moyennes. Dans les autres sections, il s'agissait de modèles à découvrir et à mettre en évidence; ici, il s'agit d'échantillons à recueillir, de «témoins» à interroger. La différence du point de vue doit réagir sur les conditions mêmes à remplir par le type.

Dans ce choix du type moyen, le Comité aura aussi à tenir compte des garanties plus ou moins sérieuses d'une bonne description. Entre plusieurs unités équivalentes comme intérêt scientifique, il donnera naturellement la préférence à celle pour laquelle il disposera d'un observateur présentant les conditions les meilleures de compétence et d'impartialité.

9. Choix des types par section. — Comme on ne saurait trop insister sur ce choix des déposants à provoquer, eu égard à son influence sur la valeur et le succès de l'enquête, il a semblé utile de passer en revue les diverses sections, en donnant à propos de chacune d'elles des indications succinctes, que les Comités pourront consulter avec profit.

SECTION I. *Rémunération du travail.* — S'adresser uniquement aux exploitations industrielles et agricoles qui se recommandent par quelque mérite spécial, notamment en ce qui concerne l'organisation et les époques de payement des salaires, les primes ou «sur-salaires», le travail des enfants et des femmes, les prix ou médailles attribués à la qualité ou à l'ancienneté des services, etc.

SECTION II. *Participation aux bénéfices. Associations coopératives de production.* — Il s'agit ici d'établissements dont le nombre n'est pas très considérable, mais dont il importe d'étudier de près l'organisation. Il faudra donc envoyer le questionnaire à tous ceux dont on aura pu constater l'existence dans le département.

Pour le métayage, on s'attachera aux types les plus remarquables, en réservant à la section XV les types moyens qui caractérisent ce mode d'exploitation.

SECTION III. *Syndicats professionnels.* — Envoyer le questionnaire à tous les syndicats industriels, agricoles ou autres, et à tous les établissements où peuvent exister des moyens de conciliation et d'arbitrage.

Au point de vue des différends industriels, il sera communiqué aux conseils de prud'hommes et aux tribunaux de commerce.

Pour les sociétés savantes, industrielles ou autres, qui s'occupent de questions sociales, on s'adressera à toutes celles qui sont accréditées par la valeur de leurs travaux.

SECTION IV. *Apprentissage.* — En ce qui touche le contrat d'apprentissage, c'est par voie d'exemples qu'il faut procéder. Quant à l'enseignement professionnel, on enverra le questionnaire à tous les établissements qui donnent cet enseignement, ainsi qu'à toutes les sociétés de patronage.

SECTION V. *Sociétés de secours mutuels.* — Le Ministère de l'intérieur possède à l'égard des sociétés approuvées une statistique très complète, avec laquelle l'enquête ne doit pas faire double emploi.

Il conviendra de n'adresser le questionnaire qu'aux sociétés approuvées ou non, qui, par leur ancienneté, l'importance de leurs services, l'originalité de leurs combinaisons, ou leur annexion à une industrie, méritent d'être signalées à l'attention ou à l'imitation publiques.

SECTION VI. *Caisses de retraite et rentes viagères.* — Le questionnaire devra être envoyé à tous les établissements privés, tels que compagnies de chemins de fer, de gaz, sociétés houillères et autres, qui ont organisé un système quelconque de retraite pour leur personnel, ou aux institutions collectives dirigées par l'État, les provinces, les villes, les associations de toute nature.

Section VII. *Assurances contre les accidents et sur la vie.* — Adresser le questionnaire à tous les établissements industriels ou autres qui assurent leur personnel contre les accidents ou sur la vie, à tous ceux qui ont organisé des caisses de secours particulières, se rattachant ou non à une caisse régionale ou centrale.

Section VIII. *Épargne.* — Pour ne pas faire ici encore double emploi avec les statistiques officielles, le Comité se bornera, en ce qui concerne les caisses d'épargne fondées, dirigées ou patronées par l'autorité, à noter les particularités locales qu'elles pourraient présenter. Mais il enverra le questionnaire à toutes les sociétés d'épargne émanant de l'initiative des intéressés, et à tous les établissements industriels ou autres qui ont établi pour leur personnel un système d'encouragement à l'épargne.

Section IX. *Associations coopératives de consommation.* — Adresser le questionnaire à toutes les associations qui existent dans le département et à tous les établissements industriels qui ont des économats, des cantines, etc.

Section X. *Associations coopératives de crédit.* — Adresser le questionnaire à toutes les associations qui existent dans le département, à toutes les banques faisant habituellement des avances aux associations ouvrières, aux ouvriers ou aux petits agriculteurs, à tous les établissements industriels ou autres qui font des prêts d'honneur ou d'autres avances.

Section XI. *Habitations ouvrières.* — Le Comité départemental enverra le questionnaire à ceux des établissements industriels qui ont créé des habitations ouvrières dans des conditions dignes d'être remarquées; il l'enverra en outre à toutes les sociétés financières ou philanthropiques et à toutes les personnes, architectes, entrepreneurs ou autres, qui s'occupent d'habitations ouvrières à un point de vue pratique.

Section XII. *Cercles d'ouvriers, récréations et jeux.* — Envoyer le questionnaire aux cercles d'ouvriers dont l'organisation peut être citée comme exemple ou qui ont rendu des services exceptionnels, ainsi qu'aux orphéons et fanfares constitués par des cercles ou par des établissements industriels.

Section XIII. *Hygiène sociale.* — Envoyer le questionnaire aux chefs d'industrie et aux sociétés qui ont pris des mesures remarquables de précaution contre les accidents de fabrique ou qui ont organisé des bains et lavoirs; aux commissions et agents des services d'hygiène et d'assistance, et aux personnes les plus compétentes; aux sociétés de tempérance, aux sociétés maternelles; aux sociétés de protection des enfants en bas âge, etc.

Section XIV. *Institutions diverses créées par les chefs d'exploitation en faveur de leur personnel.* — Cette section est en quelque sorte une récapitulation des précédentes, en ce sens qu'elle a pour objet de grouper dans un cadre unique les efforts faits par un même établissement, au lieu de les laisser à l'état d'éparpillement dans les diverses sections. Le Comité départemental adressera le questionnaire aux établissements dignes d'être cités à ce point de vue, sans s'inquiéter ici d'empiéter sur le domaine des autres sections, ce double emploi étant systématiquement prévu et prescrit par l'arrêté du 9 juin.

SECTION XV. *Grande et petite industrie. — Grande et petite culture.* — C'est par voie de *type moyen* que devra procéder le Comité départemental pour cette section, qui embrasse des matières très diverses et touche à des questions très générales. Il s'inspirera dans ce choix des considérations émises plus haut et de celles qui sont consignées en tête du questionnaire lui-même de la section XV [1].

10. Importance du choix des types. — A l'aide de ces indications, le Comité départemental pourra s'orienter dans la tâche délicate qui lui incombe et choisir judicieusement les personnes dont il y a intérêt à provoquer les réponses, sans se laisser envahir par un fatras sans valeur. Les observations valent par leur qualité et non par leur quantité. Le Comité saura solliciter et obtenir les concours nécessaires, suppléer aux abstentions, découvrir les institutions et les hommes qui, par modestie, sont tentés de fuir le grand jour de la publicité.

L'enquête ainsi comprise est faite pour éveiller les sympathies les plus vives du Comité départemental et pour se recommander à tout son dévouement. Très importante par elle-même à cause de ses résultats immédiats et de ceux que donnera plus tard le dépouillement méthodique des réponses, elle a encore un autre objet de premier ordre : c'est de servir à préparer l'exposition d'Économie sociale et à décerner les récompenses auxquelles cette exposition donnera lieu.

II. — EXPOSITION.

11. Caractères de l'exposition d'Économie sociale. — Les déclarations de l'exposé des motifs et les dispositions de l'arrêté du 9 juin suffisent pour faire bien comprendre le caractère de l'exposition projetée. Il importe néanmoins de répéter dans les présentes instructions « qu'en or-

(1) Les arrêtés du 11 mars 1887 et du 1er mai 1887, qui rattachent au huitième groupe de la classification générale une nouvelle classe 73 *bis* consacrée à l'agronomie et à la statistique agricole, n'empêchent pas l'exposition d'Économie sociale de comprendre en même temps dans ses sections respectives les institutions diverses de prévoyance ou autres énumérées dans le programme de la classe 73 *bis*. L'agriculture joue dans le pays un rôle trop considérable pour qu'elle n'ait pas dans l'exposition d'Économie sociale une place proportionnée à son importance.

ganisant l'installation de l'exposition nouvelle, on devra s'attacher à parler aux yeux en même temps qu'à l'esprit» et que «pour les matières qui comportent surtout des documents, des rapports, des statistiques, il conviendra de les illustrer autant que possible par des cartes, des plans en relief, des tableaux graphiques, de manière à rendre sensibles aux regards des visiteurs les faits qui, pour la plupart d'entre eux, courraient risque de rester stérilement enfouis sous les chiffres».

Il pourra être bon, à ce point de vue, d'encourager les expositions collectives.

Il faut donner à l'exposition d'Économie sociale un aspect agréable et vivant; rendre palpables et sensibles, par tous les moyens matériels dont on pourra disposer, les faits économiques mentionnés dans l'enquête. L'Administration sans doute ne négligera rien de ce qui pourra imprimer à cette entreprise le caractère décoratif et pittoresque qui doit lui servir de cachet particulier; mais il faut que les Comités départementaux et les exposants s'inspirent de la même idée pour lui donner corps et vie[1].

12. Programme général d'installation. — Les cartes murales, les tableaux graphiques devront jouer un rôle important, en rendant accessibles à tous les visiteurs les chiffres caractéristiques et les faits essentiels. On pourrait placer dans les sections des syndicats professionnels et des sociétés de secours mutuels des bannières anciennes et modernes, des insignes et des médailles, symboles de la vie des corporations; à côté des documents relatifs à l'apprentissage, des travaux d'élèves (fleurs et plumes, peinture, imprimerie, bijouterie, dessin, etc.).

C'est surtout la section des habitations ouvrières qui doit contribuer à donner à cette exposition sa physionomie spéciale. «Pour l'importante question des habitations économiques, dit l'exposé des motifs de l'arrêté du 9 juin, il sera bon d'installer des spécimens de grandeur naturelle, que les exposants tiendront certainement à construire eux-mêmes et qui pourront recevoir le mobilier le mieux adapté comme hygiène et bon marché aux besoins de la famille ouvrière».

S'il était possible d'installer au centre de l'Exposition un cercle d'ouvriers avec toutes ses dépendances, y compris une salle de conférences,

(1) Les demandes d'admission seront rédigées sur la formule déjà en vigueur pour les autres classes de l'Exposition.

on y disposerait sous un aspect décoratif beaucoup d'objets intéressant l'économie sociale, des bustes et des portraits de personnes décédées qui se sont signalées par leur dévouement aux classes populaires et par leurs sacrifices, des spécimens, des modèles ou des dessins de l'outillage, du vêtement et de l'habitation des ouvriers et des paysans à diverses époques, de manière à permettre au visiteur de mesurer le chemin parcouru depuis un siècle dans leur mode d'existence et de travail.

Autour de ce cercle on pourrait grouper des établissements populaires, tels que restaurant ou réfectoire économiques, dispensaire, café de tempérance, modèles de bains et de lavoirs, etc., le tout distribué avec art, ainsi que les maisons ouvrières, au milieu des pelouses et des massifs qui doivent décorer l'enceinte de plusieurs milliers de mètres carrés, assignée à l'exposition d'Économie sociale.

Indépendamment de ces installations particulières, un bâtiment collectif, garnissant le fond de cette enceinte, recevra l'exposition méthodique des quinze sections, avec leurs documents, leurs tableaux, leurs dessins, en un mot tout ce qui sera de nature à frapper les yeux en même temps que l'esprit du visiteur.

Ce programme d'installation ne peut être encore qu'à l'état de simple croquis; mais les contours s'en préciseront dès que les exposants, comme ce n'est pas douteux, auront répondu à l'appel qui leur est adressé.

13. Rapports directs de la Commission départementale d'Économie sociale avec les comités des quinze sections. — Les Comités départementaux sont instamment invités à s'inspirer dans leurs travaux des considérations qui précèdent.

La Commission d'Économie sociale que chacun d'eux doit constituer est autorisée à se mettre en rapport directement avec les présidents des quinze comités des sections (dont les noms figurent sur la liste ci-après, p. 33 à 42), pour leur soumettre les idées qui pourraient contribuer au succès de l'enquête ou de l'exposition dans chacune de leurs sections respectives, et pour leur demander de trancher certaines difficultés non prévues par les présentes instructions.

14. Résumé. — En résumé, il s'agit, comme le dit l'exposé des motifs, de former, par l'enquête et l'exposition, « un inventaire complet et impartial de la question économique et sociale à la fin du XIXe siècle, de ses transformations successives, de son état actuel et de ses *desiderata* ».

Nous devons tous, en effet, pour l'amour du pays et dans un intérêt supérieur, étudier de près, avec un zèle toujours croissant, les questions relatives au travail industriel et agricole; encourager les espérances légitimes; exposer les institutions qui ont fait leurs preuves, les solutions conquises par la libre action des individus ou des associations; mettre en pleine lumière les initiatives ignorées; venir en aide aux bonnes volontés ignorantes; en un mot, signaler aux patrons et aux ouvriers qui n'ont rien fait encore l'exemple instructif de ceux qui ont su agir et agir avec succès.

Telle est la grande œuvre à laquelle sont conviés les Comités départementaux. Le pays leur saura gré du dévouement qu'ils mettront à s'en acquitter.

Le Directeur général,

GEORGES BERGER.

EXPOSÉ DES MOTIFS

À L'APPUI DE L'INSTITUTION D'UNE EXPOSITION D'ÉCONOMIE SOCIALE.

La préoccupation du sort du plus grand nombre est certainement un des traits qui caractérisent et qui honorent le XIXe siècle et en particulier ces dernières années. Elle ne pouvait donc pas ne pas se refléter dans l'Exposition de 1889. A côté du produit, il importait de montrer la situation actuelle du producteur, ce qui a été fait par le concours de toutes les initiatives pour améliorer cette situation et ce qui reste encore à faire.

Il ne suffirait pas d'appliquer ici, à l'occasion du centenaire de 1789, le programme ordinaire des expositions universelles.

Rassembler sous les yeux du public les merveilles du travail humain, les découvertes de la science, les chefs-d'œuvre de l'art et l'enseignement qui transmet aux générations futures les leçons du passé[1], c'est n'accomplir qu'une partie de la tâche imposée à notre pays par une telle solennité nationale.

L'anniversaire séculaire de 1789 étant à la fois politique et social, il convient de le célébrer à ce double point de vue par la réunion de tous les changements heureux, de tous les exemples mémorables, de toutes les institutions bienfaisantes et prospères, qui, grâce à la pratique judicieuse des lois de l'économie sociale et industrielle, ont procuré au peuple des éléments nouveaux de bien-être moral et matériel dans le présent et de sécurité pour l'avenir. Il serait bon de démontrer ainsi, par les faits, d'une manière éclatante, que, sous l'empire du droit moderne et de la liberté de l'industrie, d'immenses progrès, trop souvent ignorés, se sont accomplis pendant trois quarts de siècle et se poursuivent chaque jour, sans violence, même sans bruit, par le mouvement naturel des mœurs, la pression irrésistible de l'opinion publique et le triomphe pacifique des idées justes. Il faudrait rappeler, en même temps, ce qu'était la condition des travailleurs à une époque où, livré aux entraves de la réglementation

[1] Classes 6, 7 et 8 de la classification générale. — La classe 64 comprend l'hygiène et l'assistance publique. La classe 63 mentionne les habitations ouvrières accessoirement, avec les plans et modèles du génie civil. (*Décision ministérielle du 23 juillet 1887.*)

administrative et aux abus de la fiscalité, le travail était plus souvent accablé que protégé par le régime des corporations.

On ne saurait mieux glorifier aujourd'hui l'œuvre de 1789 et l'affranchissement de l'industrie par la Révolution française, qu'en montrant les résultats admirables produits dans le monde entier par l'essor de l'indépendance individuelle librement combinée avec le principe d'association; ce serait le tableau complet d'une des plus grandes évolutions économiques et sociales de l'humanité.

On atteindra ce but en créant à l'Exposition universelle de 1889 un nouveau groupe, exclusivement consacré à l'Économie sociale, qui comprendra, dans un nombre suffisant de classes, l'ensemble des sources du bien-être et le tableau complet des institutions de prévoyance, l'habitation, la coopération sous toutes ses formes.

On mettra ainsi en relief toutes les institutions créées soit par les chefs d'industrie en faveur de leurs ouvriers, soit par les ouvriers eux-mêmes, soit par l'État ou les villes, pour améliorer la condition physique et morale des citoyens, les habituer à l'épargne, leur faire connaître les avantages de la mutualité, stimuler leur initiative, et, en leur procurant des logements salubres, leur faciliter les moyens d'en devenir propriétaires. On signalera à l'attention publique d'utiles exemples, et, par la propagande efficace qui s'appuie sur l'expérience acquise et les faits bien constatés, on contribuera à développer la bonne harmonie entre tous ceux qui coopèrent aux mêmes travaux.

Pour préparer l'exposition d'Économie sociale, il sera nécessaire de recourir à une enquête préalable.

Quand il s'agit d'objets matériels, on sait tout de suite où s'adresser pour trouver les produits et les producteurs, qui sont en général désignés par leur notoriété. D'ailleurs, les expositions antérieures ont fait l'éducation générale, tracé des règles, établi une sorte de jurisprudence qui guide et abrège les opérations.

Il n'en va plus de même pour une exposition d'Économie sociale. L'idée est en partie neuve et réclame dès lors une élaboration spéciale. D'un autre côté, il faut, pour lui faire porter tous ses fruits, frapper à toutes les portes, aller à la découverte de toutes les initiatives, de tous les mérites, même de ceux qui s'ignorent ou se dérobent. C'est dire que la préparation des matériaux de cette exposition particulière sera forcément lente et laborieuse, qu'elle exigera le concours de tous les bons vouloirs et de toutes les compétences, et qu'il n'y a pas un moment à perdre pour l'entamer.

Si on livrait cette enquête au hasard des inspirations individuelles, on se trouverait plus tard en face de réponses disparates, qui se croiseraient sans se rencontrer, et qu'on ne pourrait ajuster dans une œuvre définitive. Un pareil travail ne sera efficace qu'à la condition d'être conduit de haut et avec méthode. C'est à l'Administration qu'il appartient de dresser avec soin un questionnaire assez large pour se prêter aux exigences multiples et complexes de la pratique, assez précis pour guider les réponses qui viendraient se ranger méthodiquement dans les divisions et subdivisions tracées d'avance. De cette manière, le dépouillement des dossiers de l'enquête sera facilité; les éléments recueillis seront comparables, et le relevé qui en présentera le tableau synoptique formera un inventaire complet et impartial de la question économique et sociale à la fin du XIXe siècle, de ses transformations successives, de son état actuel et de ses *desiderata*.

En même temps cette enquête servira à prononcer l'admission des exposants, à organiser leur exposition et à classer, d'après des bases à déterminer, leurs mérites respectifs en vue des récompenses qui leur seront décernées ultérieurement.

L'enquête devra être décentralisée; on ne voit bien les choses qu'à la condition de les voir de près. Il semble donc que cette tâche revienne dans chaque département au Comité départemental, qui, aux termes de l'arrêté réglementaire du 3 novembre 1886, pourrait, sur la proposition du préfet, être complété dans ce but, si c'était nécessaire, par l'adjonction de membres que désignerait leur compétence en ces matières.

Le Comité départemental sera d'ailleurs invité à recueillir les dépositions écrites de toutes les personnes, — sans en exclure aucune, — qui voudront prendre part à l'enquête, et à s'adresser, pour provoquer leur réponse, à celles dont le concours lui paraîtrait désirable.

Après avoir contrôlé, s'il y a lieu, ces divers documents par des observations directes, le Comité devra les coordonner et les présenter pour le département dans un tableau d'ensemble, auquel seront jointes d'ailleurs les réponses originales, et qui pourra, conformément à l'article 6 de l'arrêté précité, être envoyé directement par le président du Comité départemental au directeur général de l'exploitation.

Il y a lieu d'espérer que cet exemple sera suivi à l'étranger et que, dans chaque pays, les sociétés savantes adonnées à ce genre d'études, les groupes industriels ou agricoles voudront bien, pour leur région respective, ouvrir une enquête analogue et sur les mêmes bases, de manière à en rendre les résultats partout comparables.

Le questionnaire sera donc une des premières manifestations à faire d'urgence pour produire en public l'idée de la nouvelle exposition et y associer tous ces bons vouloirs, prêts à surgir et à s'affirmer dès qu'on leur demandera leur concours en faveur de ces questions qui tiennent aujourd'hui la première place dans les préoccupations de l'opinion publique.

Outre ses autres avantages, cette enquête présentera aussi celui d'offrir à beaucoup de gens, qui se plaignent que leurs idées soient comme étouffées par la conspiration du silence, l'occasion de venir les exposer au grand jour.

Pour la masse des travailleurs, l'enquête apparaîtra comme un témoignage de l'intérêt qu'inspire leur situation; elle leur mettra sous les yeux le chemin parcouru depuis un siècle, les améliorations successives déjà réalisées et les tentatives faites de divers côtés pour en obtenir de nouvelles.

Avec la puissance que lui donnera l'observation méthodique, elle fera ressortir les succès comme les échecs et dégagera la vérité. Elle fournira des données précieuses à utiliser par le législateur pour l'élaboration des lois qui s'appuieront non sur des conceptions abstraites et parfois trompeuses, mais sur le terrain solide de l'expérience et de la consécration pratique par les faits.

Peut-être même ces données pourraient-elles servir à jeter plus tard les bases de ces traités internationaux en matière de travail, dont l'idée, déjà émise par le regretté Jean Dollfus, en 1866, devant la Société industrielle de Mulhouse, a été reprise par M. Wolowski à l'Assemblée nationale le 5 février 1873, puis par l'illustre Jean-Baptiste Dumas, dans une pétition présentée le 18 mars suivant à la même Assemblée, au nom de la Société de protection des apprentis.

Cette enquête se recommande donc par des avantages intrinsèques; de plus, elle servira de préface et de préparation à l'exposition projetée.

Comme l'enquête elle-même, l'exposition d'Économie sociale devra s'appliquer non seulement à l'industrie, mais encore à l'agriculture, et faire à cette dernière une part en rapport avec son importance économique et sociale.

En organisant l'installation de l'exposition nouvelle, on devra s'attacher à parler aux yeux en même temps qu'à l'esprit. Par exemple, pour l'importante question des habitations économiques, il sera bon d'installer des spécimens de grandeur naturelle, que les exposants tiendront certainement à construire eux-mêmes, et qui pourront recevoir le mobilier le mieux adapté comme hygiène et bon marché aux besoins de la famille ouvrière.

Quant aux matières qui comportent surtout des documents, des rapports, des statistiques, il conviendra de les «illustrer» autant que possible par des cartes, des plans en relief, des tableaux graphiques, de manière à rendre sensibles aux regards des visiteurs les faits qui, pour la plupart d'entre eux, courraient risque de rester stérilement enfouis sous les chiffres.

Un autre moyen d'une puissante efficacité pour féconder l'enquête et l'exposition consistera dans des congrès et des conférences sur les résultats que l'une et l'autre auront mis en relief. Aussi conviendrait-il de rattacher ces congrès et ces conférences à l'organisation projetée[1].

Les sociétés savantes, qui tiendront à honneur d'y prendre part à l'envi, pourraient être invitées à mettre toutes sur leur programme : d'abord, l'étude rétrospective des progrès qu'a faits, au cours du siècle écoulé depuis 1789, la science qu'elles représentent, puis la biographie sommaire des hommes dont le nom s'y rattache; enfin, l'énoncé des problèmes non résolus à l'heure actuelle, et que le présent lègue à l'avenir. Comme on le demandait tout à l'heure pour l'enquête, l'uniformité et l'ordre du programme sont ici encore des conditions essentielles du succès. Si toutes les sociétés de France et de l'étranger voulaient bien, pour les divers congrès prévus par l'article 5 de l'arrêté ministériel du 26 août 1886, s'astreindre à un cadre dressé méthodiquement[2], le rapprochement de leurs travaux constituerait une encyclopédie qui serait un véritable monument international élevé en l'honneur de l'esprit humain.

L'arrêté ministériel qui suit le présent exposé des motifs indique les principales conditions qui devront présider à l'organisation de l'enquête et de l'exposition d'Économie sociale.

La classification qui l'accompagne a été établie en rangeant ensemble

[1] Voir ci-après (p. 25) l'article 2 (§ 10) de l'arrêté du 9 juin 1887 et la note qui s'y rapporte.

[2] C'est ce qui vient d'être fait pour une question circonscrite par la Société de statistique de Paris qui, à l'occasion de son 25e anniversaire, a publié un tableau complet de l'organisation des services officiels de statistique dans tous les pays, dressé avec le concours de tous ces services et d'après les questionnaires méthodiques qui avaient été préparés par un Comité spécial, sous la présidence de M. Levasseur.

autant que possible les institutions et les questions qui se rattachent à un même ordre d'idées. On a ainsi obtenu quinze sections, dont les divers alinéas ont été rédigés de manière à ne pas préjuger les solutions, à ne pas affirmer de préférence préconçue et systématique, en un mot, à ne pas quitter le terrain scientifique de l'observation. La nomenclature semble d'ailleurs à la fois assez précise et assez compréhensive pour fournir les grandes divisions du sujet, sur lesquelles viendront aisément se grouper tous les détails secondaires et toutes les variétés locales, non seulement pour la France, mais encore pour les autres pays.

ARRÊTÉ.

Le Ministre du commerce et de l'industrie, Commissaire général,

Vu l'article 5 du décret du 28 juillet 1886;

Vu l'arrêté ministériel du 26 août 1886, et l'annexe n° 1 contenant le système de classification générale de l'Exposition de 1889,

Arrête :

ARTICLE PREMIER.

Une exposition d'Économie sociale est instituée à l'Exposition universelle de 1889. Cette exposition s'applique à l'industrie et à l'agriculture. Elle est divisée en quinze sections, comprenant les objets dont l'énumération sommaire est indiquée dans l'annexe jointe au présent arrêté.

ART. 2.

Sont applicables aux diverses sections de l'exposition d'Économie sociale les règles suivantes :

§ 1er. L'exposition d'Économie sociale comprend, dans chacune des sections qui la composent: d'une part, les œuvres d'initiative privée, créées soit par les patrons, soit par les ouvriers, soit par une entente entre les patrons et les ouvriers, pour améliorer la condition morale et matérielle de ces derniers; d'autre part, les institutions et les établissements créés et entretenus dans le même but par l'État, les villes et autres circonscriptions ou autorités compétentes, ainsi que par les associations et les particuliers.

§ 2. Une enquête préalable sur les objets, les institutions et les œuvres ressortissant à l'exposition d'Économie sociale préparera cette exposition, servira à prononcer l'admission des exposants et à classer, d'après des bases à déterminer, leurs mérites respectifs, en vue des récompenses sur lesquelles il sera statué ultérieurement.

Un questionnaire méthodique sera préparé par la Commission d'organisation instituée par l'article 3 du présent arrêté, de manière à guider les déposants et les enquêteurs, tant en France qu'à l'étranger, à faciliter le dépouillement et le classement des réponses, enfin à augmenter l'intérêt pratique de leur rapprochement en les rendant comparables entre elles.

Pour les pays étrangers, cette enquête aura lieu par les soins de leurs commissions respectives.

Pour la France, elle sera confiée, dans chaque département, à son Comité départemental, qui pourra, s'il y a lieu, conformément à l'article 4 de l'arrêté du 3 novembre 1886, demander au préfet de proposer au Ministre la nomination de membres adjoints désignés par leur compétence.

Le Comité départemental recueillera les dépositions écrites de toutes les personnes, — sans en exclure aucune, — qui voudront prendre part à l'enquête et s'adressera, pour provoquer leurs réponses, à celles dont le concours lui semblerait désirable.

Après avoir contrôlé, s'il y a lieu, ces divers documents par des observations directes, il les coordonnera et les présentera, pour le département, dans un tableau d'ensemble, auquel il joindra, d'ailleurs, les réponses originales.

§ 3. Les exposants sont particulièrement invités à joindre aux documents, statuts, rapports, livres et mémoires, qu'ils pourront produire, des objets de nature à attirer l'attention, tels que modèles, dessins, plans en relief, photographies sous verre, en albums ou en cartons, tableaux graphiques, etc.

§ 4. Pour chaque catégorie des matières comprises dans l'exposition, il y aura une bibliothèque composée des livres et documents les plus importants concernant cette catégorie (lois, règlements, enquêtes et rapports officiels, congrès scientifiques ou autres, projets de lois, ouvrages divers, journaux et publications spéciales ayant pour objets les questions sociales et les institutions de prévoyance). Chaque bibliothèque fera l'objet d'un catalogue imprimé.

§ 5. Les institutions patronales, exposées dans la section XIV, seront, en même temps, indiquées au catalogue des diverses sections auxquelles, par leur nature, elles peuvent se rattacher.

§ 6. Un exposant pourra réunir, dans une seule et même exposition, des objets ou des institutions appartenant à deux ou à plusieurs sections.

§ 7. Plusieurs exposants pourront se réunir pour faire, dans une même section, une exposition collective de leurs institutions ou des objets qu'ils présentent.

§ 8. L'administration de l'exposition pourra placer d'office, dans une ou plusieurs des habitations ouvrières exposées dans la section XI, des collections ou des spécimens de mobiliers, de costumes, de vêtements et d'objets de ménage.

§ 9. L'administration de l'exposition pourra mettre en activité, sous les yeux du public, de petits ateliers appartenant aux industries domestiques indiquées dans le programme de la section XV.

§ 10. A l'exposition d'Économie sociale sont rattachés les congrès et les conférences qui ont trait aux matières diverses rentrant dans les classifications et programmes de ladite exposition[1].

ART. 3.

Sont institués à l'exposition d'Économie sociale des Comités d'admission, composés chacun de six membres français, et correspondant aux quinze sections indiquées dans l'annexe jointe au présent arrêté. Les présidents et les vice-présidents de ces comités d'admission sont nommés par le Ministre.

Une Commission, composée des présidents des quinze comités d'admission, est chargée, conjointement avec le directeur général de l'exploitation, d'organiser l'exposition d'Économie sociale.

En cas d'absence ou d'empêchement d'un président, il est suppléé par le vice-président de son Comité d'admission.

La Commission d'organisation constituée par le paragraphe précédent est spécialement chargée de préparer le questionnaire de l'enquête prescrite par l'article 2 du présent arrêté, d'en dépouiller les dossiers et de

[1] L'arrêté ministériel du 3 août 1887 a organisé ces congrès et conférences et les a divisés en 15 sections.

La section X, intitulée *Économie sociale*, est précisément celle que vise l'arrêté du 9 juin 1887 dans le paragraphe 10 de son article 2. Son domaine est délimité par l'annexe jointe ci-après à l'arrêté (pages 27 à 32) et comprend les matières énumérées à cette classification.

Quant aux questions qui, bien que confinant de plus ou moins près à l'Economie sociale, sont en dehors de cette classification, elles appartiennent aux autres sections des congrès et conférences, notamment à la section VIII (*Économie politique et législation*) et à la section IX (*Hygiène, assistance et répression.*)

Voir ci-après (p. 43) la liste des membres de la section X.

rédiger un rapport général, tant sur les résultats de cette enquête que sur les travaux des sections et sur l'ensemble de l'exposition d'Économie sociale.

ART. 4.

Les quinze Comités d'admission et la Commission d'organisation, institués par l'article précédent, serviront de base, pour les récompenses à décerner dans l'exposition d'Économie sociale, à la formation des jurys internationaux de section, et du jury international de revision chargé de statuer définitivement sur les récompenses proposées par chaque jury de section. Ce règlement déterminera notamment le nombre des membres français, celui des membres étrangers, ainsi que le choix des présidents et vice-présidents français et étrangers.

Paris, 9 juin 1887.

Le Ministre du commerce et de l'industrie,
Commissaire général,

LUCIEN DAUTRESME.

ANNEXE

À L'ARRÊTÉ MINISTÉRIEL DU 9 JUIN 1887.

Exposition d'Économie sociale. — Classification.

SECTION I.

Rémunération du travail.

Formes et conditions, expresses ou tacites, du louage d'industrie, ou contrat de travail. — Périodicité et modes du payement des salaires.

Primes ou sur-salaires, alloués à la quantité produite, à la qualité du produit, ou à l'économie sur la matière première et le combustible.

Contrat de fermage. — Rémunération en nature des ouvriers agricoles.

Travail des femmes et des enfants dans les manufactures.

Encouragements au travail. — Médailles et prix. — Habileté de l'ouvrier industriel ou agricole et récompenses à la durée de ses services.

SECTION II.

Participation aux bénéfices. — Associations coopératives de production.

Participation dans les bénéfices. — Systèmes divers adoptés. — Mode d'emploi du produit de la participation. — Règlements et statuts. — Modèles de comptabilité.

Métayage.

Associations coopératives ouvrières de production. — Systèmes divers adoptés pour la constitution de la gérance, les intérêts du capital et la rémunération des auxiliaires.

SECTION III.

Syndicats professionnels.

Syndicats professionnels. — Chambres syndicales patronales. — Chambres syndicales ouvrières. — Chambres syndicales mixtes. — *Trades-Unions.* — Institutions coopératives diverses.

Syndicats agricoles.

Chômages. — Grèves. — Arbitrage obligatoire ou facultatif.

Prud'hommes. — Bourses du travail. — Placement des ouvriers et des employés.

Sociétés savantes, industrielles ou autres, fondées pour l'étude des questions d'économie sociale dans les centres manufacturiers. — Statuts et travaux de ces sociétés.

SECTION IV.

Apprentissage.

Contrat d'apprentissage. — Enseignement technique donné dans l'atelier même, ou dans des écoles et des cours fondés, soit par l'usine, soit par une réunion de chefs d'industrie, soit par les ouvriers eux-mêmes[1].

Écoles ménagères. — Orphelinats industriels et agricoles.

Établissements destinés aux enfants moralement abandonnés.

Sociétés de patronage pour les apprentis.

Enseignement aux futurs ouvriers et aux futurs patrons des notions économiques, sociales et industrielles, et du fonctionnement pratique des institutions de prévoyance.

SECTION V.

Sociétés de secours mutuels.

Sociétés de secours mutuels. — Soins médicaux. — Médicaments. — Indemnités de chômage. — Secours à domicile. — Dispensaires. — Traitement à l'hôpital. — Soins de convalescence. — Séjour aux eaux. — Frais funéraires.

Pensions de retraite servies par les sociétés de secours mutuels.

Avantages accordés aux sociétés de secours mutuels approuvées, pour leur permettre de contracter sur la tête de leurs membres une assurance collective en cas de décès.

Admission des femmes. — Secours accordés à l'occasion de la naissance d'un enfant.

Tableaux statistiques des maladies.

SECTION VI.

Caisses de retraites et rentes viagères.

Caisses nationales des retraites pour la vieillesse.

Pensions et rentes viagères immédiates ou différées, constituées par l'État, les compagnies d'assurances et les particuliers.

SECTION VII.

Assurances contre les accidents et sur la vie.

Assurances individuelles ou collectives au profit des ouvriers contre les accidents en cas d'incapacité de travail temporaire ou permanente par blessure ou mutilation, ou en cas de mort. — Retenues opérées d'office dans ce but

[1] Pour l'apprentissage général donné dans des écoles municipales ou entretenues par l'État, voir à l'Enseignement technique (classe 6 de la classification générale).

sur les salaires des ouvriers. — Prélèvements faits pour le même objet sur les frais généraux ou les bénéfices.

Systèmes divers tendant à faire assurer l'ouvrier contre les accidents par l'État, par les compagnies privées à primes fixes ou mutuelles, par des syndicats industriels constitués à cet effet obligatoirement et d'office aux termes de la loi.

Assurances par les compagnies, au profit du patron, contre sa responsabilité civile en cas d'accidents.

Assurances sur la vie : en cas de décès, mixtes, à terme fixe, différées, avec combinaisons diverses, par l'État, les syndicats ou les compagnies d'assurances. — Primes ou demi-primes d'assurance payées pour les ouvriers par les patrons ou par des sociétés créées dans ce but.

Tables de mortalité.

Statistique des accidents de toute nature.

Assurances diverses : incendie, grêle, épizooties.

SECTION VIII.

Épargne.

Caisses d'épargne nationales et postales.

Caisses d'épargne scolaires.

Caisses d'épargne placées sous la surveillance de l'État.

Sociétés d'épargne pour l'achat, en commun, de valeurs à lots (système de *la Fourmi*).

Systèmes divers d'encouragement à l'épargne.

Taux de l'intérêt. — Subventions. — Adoption d'un taux supérieur pour les dépôts les plus faibles.

Systèmes divers pour la conservation provisoire ou le placement définitif de l'épargne individuelle ou collective des ouvriers et employés (dépôt en compte courant dans la caisse de la maison ; dépôt dans une caisse publique ; placement obligatoire ou facultatif de l'épargne ouvrière en parts d'intérêts, ou actions de l'établissement industriel).

Constitution du patrimoine de l'ouvrier pendant son séjour dans l'usine (par voie de capitalisation à intérêts composés, sur livret individuel, du produit de la participation aux bénéfices ; des dividendes d'une société coopérative de consommation ; des subventions du patron, avec ou sans retenue opérée sur le salaire.)

SECTION IX.

Associations coopératives de consommation.

Associations coopératives de consommation.

Systèmes de vente au prix *courant* ou au prix *coûtant* d'aliments, de vêtements, d'objets de ménage.

Cuisines et réfectoires. — Cantines.

Boulangeries économiques.

Règlements, statuts, comptes et budgets.

Spécimens d'objets vendus, avec la double indication du prix *coûtant* et du prix *courant.*

SECTION X.

Associations coopératives de crédit.

Associations coopératives de crédit. — Systèmes divers adoptés. — Responsabilité illimitée, ou engagements restreints. — Banques populaires. — Banques agricoles Raffeisen. — Crédit agricole.

Avances faites par l'État ou par des sociétés financières aux associations ouvrières de production, ou aux ouvriers.

Prêts d'honneur. — Caisses de prêts pour aider au mariage.

SECTION XI.

Habitations ouvrières[1].

Systèmes d'habitations ouvrières isolées, avec ou sans cour et jardin, dont il est possible de devenir propriétaire par le payement d'annuités comprenant le loyer et l'amortissement.

Systèmes des maisons collectives contenant plusieurs logements juxtaposés.

Logements garnis pour ouvriers célibataires.

Plans d'habitations salubres et à bon marché.

Associations coopératives ouvrières pour la construction, l'appropriation, la vente ou la location de maisons ouvrières. — *Building societies.*

Location au prix courant avec attribution à l'ouvrier locataire, sur un livret de retraite ou d'épargne, de la différence entre ce prix courant et le prix de revient.

Encouragements à construire des maisons ouvrières par prêts à taux réduit de l'État et des villes, et par dégrèvement d'impôt ou autres avantages.

SECTION XII.

Cercles d'ouvriers. — Récréations et jeux.

Cercles d'ouvriers. — *Working men's clubs.* — Construction. — Organisation. — Bibliothèques. — Collections, cours, conférences, jeux, récréations, exercices. — Orphéons, fanfares, tir et gymnastique.

[1] Voir à la classe 63 de la classification générale.

SECTION XIII.

Hygiène sociale.

Lois, règlements et statuts relatifs à l'hygiène sociale.

Alcoolisme. — Moyens employés pour le combattre. — Statistique et documents. — Sociétés de tempérance et installations qui en dépendent. — Système de Gothembourg. — Salles de rafraîchissement.

Protection des enfants du premier âge, des apprentis et des femmes en couches.

Bains et lavoirs. — Piscines.

Salubrité et sécurité des ateliers.

Précautions contre les accidents de fabrique. — Règlements d'usines.

SECTION XIV.

Institutions diverses créées par les chefs d'exploitation en faveur de leur personnel.

Gratifications; parts d'intérêts; participation individuelle.

Subventions sur frais généraux, ou prélèvements sur les bénéfices, à quelque titre que ce soit, pour des institutions de secours, de prévoyance, d'épargne, d'éducation et d'instruction.

Crèches, asiles, écoles.

Enseignement professionnel donné dans l'usine.

Caisses de secours des mines et fabriques avec ou sans retenues sur les salaires. — Infirmeries, secours aux malades, aux blessés, aux femmes en couches, aux veuves et aux orphelins.

Ouvroirs de fabriques.

Dots aux jeunes ouvrières.

Caisses des retraites et asiles pour les vieillards ou les mutilés. — Assurances contre les accidents et sur la vie, payées sur frais généraux, avec ou sans retenues sur les salaires.

Caisses d'épargne particulières des usines et fabriques.

Économats et cantines. — Réfectoires économiques.

Avances gratuites aux ouvriers.

Logements gratuits ou à prix réduits.

Chauffage gratuit. — Location ou vente à bon marché, par les patrons aux ouvriers, de terrains pour cultiver ou construire. — Avances faites spécialement dans ce but.

Institutions particulièrement applicables aux exploitations rurales. — Droits d'usage. — Secours médicaux et hospices pour les ouvriers agricoles.

Établissements qui, d'une manière générale, ont fait les efforts les plus grands et les plus heureux, tant pour améliorer la condition matérielle et morale de leur personnel, que pour mieux établir la solidarité entre les facteurs de la production.

SECTION XV.

Grande et petite industrie. — Grande et petite culture.

Statistiques et documents relatifs à la concentration de l'industrie dans de grands établissements. — Petits ateliers. — Efforts faits pour les propager.

Industries domestiques et application de la force motrice à ces industries.

Travail de la femme au foyer domestique.

Alliance du travail industriel et du travail agricole.

Grande et petite culture.

Émigration et rapatriement. — Stations hospitalières.

Recettes et dépenses de la famille ouvrière.

COMMISSION D'ORGANISATION

DE L'EXPOSITION D'ÉCONOMIE SOCIALE.

BUREAU.

MM.

Say (Léon), sénateur, membre de l'Académie française et de l'Académie des sciences morales et politiques, président de la Société d'économie politique, *rue Fresnel, 21* (président du Comité d'admission de la Section VII)........................ **Président.**

Siegfried (Jules), député, ancien maire du Havre, *Rond-point des Champs-Élysées, 6* (président du Comité d'admission de la Section XI)................................ **Vice-Président.**

Lami (E.-O.), auteur et directeur du Dictionnaire encyclopédique de l'industrie et des arts industriels, rapporteur du jury de la classe 3 à l'exposition d'Anvers, *passage Saulnier, 7* (président du Comité d'admission de la Section XII)................ **Secrétaire.**

MEMBRES.

MM.

Simon (Jules), sénateur, membre de l'Académie française, secrétaire perpétuel de l'Académie des sciences morales et politiques, *place de la Madeleine, 10* (président du Comité d'admission de la Section I).

Robert (Charles), président de la Société pour l'étude pratique de la participation du personnel dans les bénéfices, *rue de la Banque, 15, à Paris*, et *rue de Béthune, 17, à Versailles* (président du Comité d'admission de la Section II).

Lyonnais, député, *rue Cler, 16* (président du Comité d'admission de la Section III).

Tolain, sénateur, *rue Littré, 1* (président du Comité d'admission de la Section IV).

Bucquet (Paul), ancien inspecteur général des établissements de bienfaisance, *avenue d'Antin, 69* (président du Comité d'admission de la Section V).

Maze (Hippolyte), sénateur, *rue de Rennes, 141* (président du Comité d'admission de la Section VI).

Malarce (A. de), secrétaire perpétuel de la Société des institutions de prévoyance, *rue de Babylone, 68* (président du Comité d'admission de la Section VIII).

Pernolet, député, *avenue de l'Opéra, 10* (président du Comité d'admission de la Section IX).

Ricard, député, *rue du Faubourg-Saint-Honoré, 160* (président du Comité d'admission de la Section X).

MM.

ROCHARD (le docteur J.-F.), membre de l'Académie de médecine, ancien inspecteur général du service de santé de la marine, président de l'Association française pour l'avancement des sciences, *rue du Cirque, 4* (président du Comité d'admission de la Section XIII).

CHEYSSON, ingénieur en chef des ponts et chaussées, ancien président de la Société d'économie sociale, ancien directeur du Creusot, *boulevard Saint-Germain, 115* (président du Comité d'admission de la Section XIV).

LEVASSEUR (E.), membre de l'Académie des sciences morales et politiques, professeur au Collège de France et au Conservatoire national des arts et métiers, *rue Monsieur-le-Prince, 26* (président du Comité d'admission de la Section XV).

NOTA. — *Aux termes de l'article 3 de l'arrêté du 9 juin 1887, « en cas d'empêchement d'un président, il est suppléé dans la Commission d'organisation par le vice-président de son comité d'admission. » On trouvera ci-après le nom de ces vice-présidents sur la liste de leurs comités respectifs.*

COMITÉS D'ADMISSION.

SECTION I.

Rémunération du travail.

BUREAU.

MM.

SIMON (Jules), sénateur, membre de l'Académie française, secrétaire perpétuel de l'Académie des sciences morales et politiques, *place de la Madeleine, 10* .... **Président.**

PASSY (Frédéric), député, membre de l'Académie des sciences morales et politiques, *rue Labordère, 8, à Neuilly* .... **Vice-Président.**

MEMBRES.

MM.

BRIALOU, député, *boulevard d'Enfer, 243.*

GLASSON, membre de l'Académie des sciences morales et politiques, professeur à la Faculté de droit de Paris, *rue du Cherche-Midi, 40.*

LEROY-BEAULIEU (Paul), membre de l'Académie des sciences morales et politiques, professeur au Collège de France, rédacteur en chef de l'*Économiste français, avenue du Bois-de-Boulogne, 27.*

MALAPERT, professeur au Conservatoire des arts et métiers, *boulevard de Strasbourg, 50.*

SECRÉTAIRE [1].

PAULIAN, secrétaire-rédacteur à la Chambre des députés.

SECTION II.

Participation aux bénéfices. — Associations coopératives de production.

BUREAU.

MM.

ROBERT (Charles), président de la Société pour l'étude pratique de la participation du personnel dans les bénéfices, *rue de la Banque, 15* .... **Président.**

LAROCHE-JOUBERT (E.), député, *rond-point des Champs-Élysées, 6* .. **Vice-Président.**

(1) L'article 3 du deuxième arrêté du 9 juin 1887, portant nomination des comités d'admission, autorise «chacun d'eux à présenter à la nomination du Ministre un secrétaire choisi hors de son sein».

MEMBRES.

MM.

DAVAUD (Abel), comptable à la Société coopérative des lunetiers, *rue Saint-Anastase, 4.*

DEVILLE (Constant), ouvrier joaillier-bijoutier, *rue Rodier, 38.*

MARQUOT, gérant de l'ancienne maison Leclaire, entreprise de peinture en bâtiments, *rue Saint-Georges, 11.*

TULEU, fondeur en caractères, *rue Visconti, 17.*

SECRÉTAIRE.

MEYRUEIS (Jules), ingénieur civil, *rue Pavée, 15.*

SECTION III.

Syndicats professionnels.

BUREAU.

MM.

LYONNAIS, député, *rue Cler, 16*.......................... **Président.**

MOZET, président du Conseil d'administration des chambres syndicales de l'industrie et du bâtiment, *rue de la Bienfaisance, 39.* **Vice-Président.**

MEMBRES.

MM.

HAVARD (J.-L.), secrétaire perpétuel du Comité central des chambres syndicales, *avenue de la République, 46 (Vincennes).*

MUZET, membre du Conseil municipal de Paris, président des Chambres syndicales patronales de la rue de Lancry, *place des Petits-Pères, 3.*

VALLEROUX (Hubert), avocat, lauréat de l'Institut, *rue du Pré-aux-Clercs, 14.*

VEYSSIER (F.), délégué de l'Union des chambres syndicales ouvrières de France, *rue de l'Entrepôt, 10.*

SECRÉTAIRE.

SIMON (Eugène), vice-président de la Chambre syndicale des confectionneurs pour hommes et enfants, *rue Croix-des-Petits-Champs, 9.*

SECTION IV.

Apprentissage.

BUREAU.

MM.

TOLAIN, sénateur, *rue Littré, 1*.......................... **Président.**

CHAIX (A.), directeur de l'imprimerie des chemins de fer, *rue Bergère, 20*.......................... **Vice-Président.**

MEMBRES.

MM.

Desmoulins (Aug.), ancien membre du Conseil municipal de Paris, *rue Brochant, 37.*

Lucas (Charles), architecte de l'École municipale professionnelle du livre, *boulevard Denain, 8.*

Moutier (Paul), entrepreneur de serrurerie, *rue des Coches, 13, à Saint-Germain-en-Laye.*

Nusse, avocat, secrétaire de la Société de protection des apprentis et des enfants employés dans les manufactures, *boulevard Saint-Michel, 52.*

SECRÉTAIRE.

Ogier (Émile), *rue des Minimes, 5.*

SECTION V.

Sociétés de secours mutuels.

BUREAU.

MM.

Bucquet (Paul), ancien inspecteur général des établissements de bienfaisance, *avenue d'Antin, 69* .... **Président.**

Remaury, ingénieur civil, ancien directeur des forges d'Ars-sur-Moselle et Pompey, *rue de Châteaudun, 56* .... **Vice-Président.**

MEMBRES.

MM.

Bonjean (Georges), juge suppléant au tribunal de la Seine, président de la Société de l'enfance abandonnée ou coupable, *rue de Lille, 47.*

Coste, publiciste, lauréat du concours Pereire, *cité Gaillard, 4.*

Donnat (Léon), membre du Conseil municipal de Paris, *rue Chardin, 11.*

Poulot (Denis), fabricant de produits pour le polissage, ancien maire du 11e arrondissement, *avenue Philippe-Auguste, 50.*

SECRÉTAIRE.

Tabarant (Alexis), ancien secrétaire de l'exposition du Ministère de l'intérieur en 1878, *avenue La Bourdonnais, 15.*

SECTION VI.

Caisses de retraite et rentes viagères.

BUREAU.

MM.

Maze (Hippolyte), sénateur, *rue de Rennes, 141* .... **Président.**

Audiffred, député, *rue François Ier, 38* .... **Vice-Président.**

MEMBRES.

MM.

DELOMBRE, rédacteur au journal *Le Temps, boulevard des Italiens, 5.*

HAAS, membre de la Chambre de commerce, président du syndicat de la chapellerie, *rue du Temple, 71.*

MESUREUR, député, ancien président du Conseil municipal de Paris, *rue du Sentier, 28.*

PLASSARD, président du Conseil d'administration du Bon-Marché, administrateur du Crédit foncier.

SECTION VII.

Assurances contre les accidents et sur la vie.

BUREAU.

MM.

SAY (Léon), sénateur, membre de l'Académie française et de l'Académie des sciences morales et politiques, président de la Société d'économie politique, *rue Fresnel, 21* .... **Président.**

AUCOC, membre de l'Académie des sciences morales et politiques, *rue Sainte-Anne, 51* .... **Vice-Président.**

MEMBRES.

MM.

CHAUFTON (Albert), avocat au Conseil d'État et à la Cour de cassation, lauréat de l'Institut, *rue Godot-de-Mauroi, 20.*

COURCY (Alfred DE), administrateur de la Compagnie d'assurances générales, *rue de Richelieu, 87.*

DIETZ-MONNIN, sénateur, ancien président de la Chambre de commerce de Paris, *rue Labruyère, 38.*

GAUTHIER (L.-B.), de la maison Gaget, Gauthier et Cie, entrepreneur de couvertures et cuivrerie d'art, *rue de Chazelles, 25.*

SECRÉTAIRE.

CAUBERT (Léon), élève de l'École des langues orientales, *rue de Grenelle, 9.*

SECTION VIII.

Épargne.

BUREAU.

MM.

MALARCE (A. DE), secrétaire perpétuel de la Société des institutions de prévoyance, *rue de Babylone, 68* .... **Président.**

TRANCHANT (Ch.), vice-président de la section économique et sociale du Comité des travaux historiques et scientifiques, *rue Barbet-de-Jouy, 28* .... **Vice-Président.**

MEMBRES.

MM.

Bolle (George), directeur de la Société d'épargne *la Fourmi*, *rue d'Aboukir, 3*.

Foville (de), professeur d'économie industrielle et de statistique au Conservatoire des arts et métiers, *rue des Saints-Pères, 60*.

Mallet (Frédéric), président de la Chambre de commerce du Havre, *Le Havre*.

Mourceau (Hipp.), fabricant d'ameublements, *rue Vignon, 16*.

SECRÉTAIRE.

Guybert (Georges), ancien élève de l'École des sciences politiques, *rue du Mail, 11*.

SECTION IX.

Associations coopératives de consommation.

BUREAU.

MM.

Pernolet, député, *avenue de l'Opéra, 10* .... **Président.**

Brelay (Ernest), membre de la Société d'économie politique, *rue d'Offémont, 31* .... **Vice-Président.**

MEMBRES.

MM.

Boyve (de), trésorier de la fédération des Sociétés coopératives de consommation, *place de l'Esplanade, 2, à Nîmes (Gard)*.

Fougerousse (A.), secrétaire général de la fédération des Sociétés coopératives de consommation, *rue Stanislas, 5*.

Gibon, directeur des usines de Commentry, *à Commentry (Allier)*.

Heurteau, directeur du chemin de fer d'Orléans, *boulevard Saint-Germain, 119*.

SECTION X.

Associations coopératives de crédit.

BUREAU.

MM.

Ricard, député, *rue du Faubourg-Saint-Honoré, 160* .... **Président.**

Perrire (Eugène), ingénieur civil, *rue du Faubourg-Saint-Honoré, 45*. **Vice-Président.**

MEMBRES.

MM.

AUDÉOUD (Th.), président de la Vieille-Montagne et de la Société des houillères d'Épinac, *rue d'Athènes, 6.*

COCHUT (André), ancien directeur du Mont-de-Piété, *rue des Francs-Bourgeois, 55.*

JUGLAR (Clément), vice-président de la Société d'économie politique, *rue Saint-Jacques, 167.*

LAVOLLÉE (René), lauréat de l'Institut, *rue du Général-Foy, 14.*

SECRÉTAIRE.

SALÉTA (Léon), ancien Conseiller général, secrétaire du concours Pereire pour l'extinction du paupérisme, *boulevard Malesherbes, 10.*

SECTION XI.

Habitations ouvrières.

BUREAU.

MM.

SIEGFRIED (Jules), député, ancien maire du Havre, *rond-point des Champs-Élysées, 6* .... **Président.**

PICOT (Georges), membre de l'Académie des sciences morales et politiques, *rue Pigalle, 54* .... **Vice-Président.**

MEMBRES.

MM.

GODIN, fondateur du familistère de Guise, *à Guise (Aisne).*

MESNIL (le D[r] DU), médecin de l'asile d'ouvriers convalescents de Vincennes, *rue du Cardinal-Lemoine, 14.*

MULLER (Émile), ingénieur civil, professeur à l'École centrale des arts et manufactures, *avenue du Trocadéro, 20.*

TRÉLAT (Émile), architecte, professeur au Conservatoire des arts et métiers, directeur de l'École spéciale d'architecture, *boulevard Montparnasse, 136.*

SECRÉTAIRE.

DES ROTOURS (Jules), ancien élève de l'École des sciences politiques, *avenue de Villars, 9.*

SECTION XII.

Cercles d'ouvriers. — Récréations et jeux.

BUREAU.

MM.

LAMI (E.-O.), auteur et directeur du Dictionnaire encyclopédique de l'industrie et des arts industriels, rapporteur du jury de la classe 3 à l'Exposition d'Anvers, *passage Saulnier, 7* .... **Président.**

FRANK PUAUX, publiciste, *avenue de l'Observatoire, 11* .... **Vice-Président.**

MEMBRES.

MM.

Gruhier, ouvrier en fourrures, administrateur du *Moniteur des syndicats ouvriers, rue de Belleville, 51.*

Limousin, publiciste, *rue d'Alésia, 8.*

Michel (Georges), membre de la Société d'économie politique, lauréat de l'Institut, rédacteur au *Journal des Débats, rue Bonaparte, 31.*

Patenne, membre du Conseil municipal de Paris, *rue des Pyrénées, 62.*

SECRÉTAIRE.

Philippe (Édouard), publiciste, *rue Drouot, 7.*

SECTION XIII.

Hygiène sociale.

BUREAU.

MM.

Rochard (le Dr J.-F.), membre de l'Académie de médecine, ancien inspecteur général du service de santé de la marine, président de l'Association française pour l'avancement des sciences, *rue du Cirque, 4*.................................. **Président.**

Martin (le Dr A.-J.), médecin-auditeur du Comité consultatif d'hygiène publique de France, secrétaire général adjoint de la Société de médecine publique et d'hygiène professionnelle, *rue Gay-Lussac, 3*.................................. **Vice-Président.**

MEMBRES.

MM.

Baltet (Stanislas), député, *boulevard La Tour-Maubourg, 58.*

Feillet, chef du cabinet du préfet de la Seine, *à la préfecture de la Seine.*

Herscher (Charles), ingénieur civil, de la maison Geneste, Herscher et Cie, *rue du Chemin-Vert, 42.*

Javal (le Dr), député, *rue de Grenelle, 58.*

SECRÉTAIRE.

Neumann (le Dr), *rue de Châteaudun, 13.*

SECTION XIV.

Institutions diverses créées par les chefs d'exploitation en faveur de leur personnel.

BUREAU.

MM.

Cheysson, ingénieur en chef des ponts et chaussées, ancien président de la Société d'économie sociale, ancien directeur du Creusot, *boulevard Saint-Germain, 115*.................................. **Président.**

Besselièvre (Ch.), fabricant d'indiennes, *rue de Crosne, 24, Rouen (Seine-Inférieure)*. . . . . **Vice-Président.**

MEMBRES.

MM.

Goffinon (Ed.), ancien entrepreneur de travaux publics, *boulevard Magenta, 76.*

Griolet, maître des requêtes honoraire au Conseil d'État, vice-président du Conseil d'administration de la compagnie du chemin de fer du Nord, *rue de Berne, 2.*

Piat (Albert), fondeur-mécanicien, *rue Saint-Maur, 84.*

Seydoux, manufacturier *au Cateau (Nord).*

SECRÉTAIRE.

Cazajeux, publiciste, *rue Littré, 5.*

SECTION XV.

Grande et petite industrie. — Grande et petite culture.

BUREAU.

MM.

Levasseur (E.), membre de l'Académie des sciences morales et politiques, professeur au Collège de France et au Conservatoire des arts et métiers, *rue Monsieur-le-Prince, 26*. . . . . **Président.**

Baudrillart, membre de l'Académie des sciences morales et politiques, professeur à l'École des ponts et chaussées, *rue de Tournon, 12* . . . . **Vice-Président.**

MEMBRES.

MM.

Ducret, président de la Chambre syndicale des industries diverses, *rue de Bruxelles, 15.*

Grandeau, doyen de la Faculté des sciences de Nancy, *à Nancy (Meurthe-et-Moselle).*

Morel, président du Conseil des prud'hommes des industries diverses, *rue de Paris, 114, à Montreuil (Seine).*

Risler, professeur d'agriculture, directeur de l'Institut national agronomique, *rue de Rome, 35.*

SECRÉTAIRE.

Hartmann (Georges), industriel, membre de la Société de statistique, *quai de la Mégisserie, 14.*

COMITÉ

DE LA SECTION X DES CONGRÈS ET CONFÉRENCES (1).

ARRÊTÉS DES 3 AOÛT ET 13 OCTOBRE 1887.

SECTION X.

Économie sociale (2).

MM.

CHEYSSON, ingénieur en chef des ponts et chaussées, professeur à l'École supérieure des mines et à l'École des sciences politiques, *boulevard Saint-Germain, 115.*

DONNAT (Léon), membre du Conseil municipal de Paris, *rue Chardin, 11.*

MALARCE (DE), secrétaire perpétuel de la Société des institutions de prévoyance, *rue de Babylone, 68.*

MAZE, sénateur, *rue de Rennes, 141.*

PATINOT, directeur du *Journal des Débats*, membre du Syndicat de la presse parisienne, *rue de Rivoli, 184.*

PICOT (Georges), membre de l'Académie des sciences morales et politiques, *rue Pigalle, 54.*

REMAURY, ingénieur civil, ancien directeur des forges d'Ars-sur-Moselle et Pompey, *rue de Châteaudun, 56.*

RICARD, député, *rue du Faubourg-Saint-Honoré, 160.*

ROBERT (Charles), président de la Société pour l'étude pratique de la participation du personnel dans les bénéfices, *rue de la Banque, 15.*

SIEGFRIED (Jules), député, ancien maire du Havre, *rond-point des Champs-Élysees, 6.*

SIMON (Jules), membre de l'Académie française, secrétaire perpétuel de l'Académie des sciences morales et politiques, *place de la Madeleine, 10.*

TRANCHANT (Charles), vice-président de la section économique et sociale du Comité des travaux historiques et scientifiques, *rue Barbet-de-Jouy, 28.*

---

(1) Cette section a été rattachée à l'exposition d'Économie sociale en vertu de l'article 2 (§ 10) de l'arrêté du 9 juin 1887 (voir ci-dessus la note placée au bas de la page 25).

(2) Le Président, le Vice-Président et le Secrétaire de chaque comité doivent être pris parmi les membres et élus par le Comité lui-même. Ces élections n'ont pas encore eu lieu pour la section X (octobre 1887).

ENQUÊTE.

QUESTIONNAIRES DÉTAILLÉS PAR SECTION.

NOTA. — *Chaque questionnaire est divisé en chapitres, paragraphes et alinéas.*

Les chapitres sont désignés par un titre en CAPITALES *au milieu de la page avec un numéro en chiffres romains; les paragraphes le sont par un titre en* **petite égyptienne** *dans le texte et par des numéros en chiffres arabes. Les alinéas sont simplement mis à la ligne sans titre spécial. Ils sont imprimés en caractères* romains, *qui constituent le texte courant. Les développements qui commentent l'énoncé de la question sont mis entre parenthèses et en petit texte* romain.

On a, autant que possible, rejeté à la fin de chaque paragraphe les questions qui concernent les pays étrangers et qui sont sans application, comme sans réponse pour le nôtre, en leur réservant le caractère italique.

Le numérotage des chapitres est fait par section; au contraire, celui des paragraphes est unique et se poursuit sans interruption du premier au dernier questionnaire. Chacun d'eux a ainsi son individualité, qui est définie par son numéro matricule, de sorte qu'en tête de la réponse il suffira d'inscrire le numéro du paragraphe, sans avoir la peine de reproduire ni son titre, ni celui du chapitre et de la section.

Il est bien entendu d'ailleurs que, parmi les questions qui lui sont posées par le questionnaire, le déposant se bornera à traiter celles qui le visent personnellement et sur lesquelles il a quelques renseignements de fait à fournir, en négligeant les autres. À cause de l'importance de cette observation, il a semblé nécessaire de la reproduire ci-après en tête de chacun des questionnaires, qui doivent être, pour la plupart, distribués isolément, et qui, dès lors, ont besoin de porter avec eux leurs commentaires et leurs instructions pratiques.

EXPOSITION UNIVERSELLE DE 1889, À PARIS.

DIRECTION GÉNÉRALE DE L'EXPLOITATION.

EXPOSITION D'ÉCONOMIE SOCIALE.

ENQUÊTE.

QUESTIONNAIRE.

SECTION I. — RÉMUNÉRATION DU TRAVAIL.

NOTA. — *L'enquête, dont ce questionnaire est l'instrument pour la section I, ne peut avoir la prétention d'embrasser tous les faits qui se rattachent à cette section. Comme elle a pour objet de servir de préface et de préparation à l'exposition d'Économie sociale (art. 2 de l'arrêté du 9 juin 1887), c'est de ce point de vue qu'ont à s'inspirer ceux qui doivent y procéder. Il s'agit dans la section I de découvrir et de mettre en relief les meilleures solutions données par les industriels et les agriculteurs de divers pays au problème de la «Rémunération du travail». On s'attachera donc à ces particularités caractéristiques et l'on réservera le questionnaire aux exploitations et aux établissements qui en présentent de telles, surtout pour les primes ou «sur-salaires» et pour les encouragements au travail, — au lieu de le distribuer indistinctement à toutes les personnes qui recourent à la main-d'œuvre dans la région*[1].

En tête du questionnaire, on a placé un chapitre de généralités où le déposant définira la nature et la consistance de l'industrie qu'il exerce. Ces notions sont en effet indispensables pour permettre d'apprécier la portée et la valeur pratiques des solutions appliquées et décrites aux chapitres suivants.

Ce questionnaire étant «individuel», c'est-à-dire destiné à un établissement déterminé, on n'a pu y comprendre les questions relatives à la législation, qui auraient obligé tous les exposants d'un même pays à de fastidieuses redites. Mais, pour chaque pays étranger, les commissions qui centraliseront les réponses sont instamment priées de les accompagner d'une étude spéciale sur la législation du

[1] La section XV, qui a de nombreux points de contact avec la section I, est plus spécialement consacrée à l'étude de la grande et de la petite industrie, de la grande et de la petite culture, envisagées dans leur généralité économique et sociale. Aussi est-ce le *type moyen* qui convient à la section XV, tandis que la section I s'adresse surtout aux établissements qui se détachent de la masse par leur mérite exceptionnel, ou se recommandent par quelque particularité intéressante.

travail dans le pays ou dans ses diverses circonscriptions, si elle n'est pas uniforme pour toutes les parties du territoire.

Cette étude régionale portera notamment sur les points suivants :

Formes et conditions légales du louage d'industrie ou contrat de travail. (Droit commun. — Coutumes. — Preuves du contrat. — Sa résiliation. — Règlements d'ateliers.)

Protection légale de l'ouvrier. (Insaisissabilité des salaires. — Privilège pour le payement des salaires. — Droits de la femme mariée sur ses salaires et sur ceux de son mari. — Mesures de protection pour les femmes, les filles, les enfants, les adultes. — Durée du travail journalier, hebdomadaire, de nuit.)

Réglementation spéciale à certaines industries. (Régime de la concession, — de l'autorisation.) — Formalités pour l'exercice de la profession. — Mesures pour la bonne tenue des ateliers. — Précautions contre les abus commis dans le payement des salaires. — *Truck acts.*

Surveillance pour l'application des lois et règlements sur la matière. — *Factories acts.* — Inspecteurs du travail. — Statistique des résultats de leur intervention.

Responsabilité des patrons en cas d'accidents. (Législation et jurisprudence. — Caisses de secours. — Assurances légales. — Résultats.)

Contestations entre patrons et ouvriers. (Jurisprudence. — Procédure. — Frais. — Résultats.)

Ces grandes questions générales, sans être exclues des réponses au questionnaire individuel, ne pourront y tenir la place principale, qui appartient aux solutions adoptées par l'établissement dont il s'agit et aux circonstances qui les définissent.

I. — GÉNÉRALITÉS SUR L'ÉTABLISSEMENT OU L'EXPLOITATION.

1 [1]. **Définition de l'établissement.** — Industrie qu'on y exerce. — Consistance et division des ateliers. — Chiffre annuel des affaires.

[1] Le numérotage des paragraphes se poursuivant sans interruption du premier au dernier questionnaire, chacun d'eux se trouve ainsi défini par son numéro matricule, de sorte qu'en tête de la réponse il suffira d'inscrire ce numéro sans avoir à reproduire ni le titre du paragraphe, ni celui de la section.

Parmi les questions du présent questionnaire, chaque déposant se bornera à traiter celles qui le visent personnellement et sur lesquelles il a quelque renseignement de fait à fournir, sans s'occuper des autres.

Il est prié de désigner d'une manière précise et complète en tête de ses réponses le nom, la nature et l'adresse de l'exploitation ou de l'institution qu'il représente avec les fonctions qu'il y remplit, et de joindre à sa déposition tous les documents susceptibles de l'éclairer et de la fortifier, tels que statuts, règlements, comptes rendus, rapports, statistiques, etc.

Personnel. — Son effectif (par catégories professionnelles, en distinguant les hommes, les femmes, les enfants, et ceux-ci par âges). — Son recrutement (local, — à l'étranger, — détail par nationalités). — Sa stabilité ou son instabilité [1].

Allures de l'industrie. — Périodes d'activité ou de chômage. — Sont-elles régulières ou intermittentes ?

Montant annuel des salaires. — Son rapport au chiffre des affaires.

S'il s'agit d'une exploitation agricole, indiquer sa superficie totale et par cultures. — Assolement. — Mode d'exploitation. — Personnel d'exploitation. — Récoltes annuelles.

Autres détails caractérisant l'atelier ou l'exploitation.

II. — SALAIRES INDUSTRIELS.

2. Mode de fixation du salaire. — Le salaire est-il fixé à la journée, — à l'heure, — à la tâche, — au marchandage ? — Résulte-t-il de la combinaison de ces divers modes ? — Sont-ils respectivement appliqués à différents travaux d'après leur nature ? — Quels sont ces travaux ?

Cette fixation dépend-elle à quelque degré du prix des produits fabriqués ? (*Sliding scale* anglais. — *Basis system* américain.)

3. Offre et demande de travail.

Mode de recrutement du personnel. — Embauchage. — Garanties requises. (Livret. — Casier judiciaire. — Références. — Diplôme. — Enquête.)

Bureaux de placement. — Bourses du travail. — (Origine. — Organisation. — Résultats.)

4. Taux des salaires. — Taux par catégorie professionnelle dans l'atelier : hommes, femmes, enfants (en indiquant pour chaque subdivision le taux *maximum*, le taux *minimum* et le taux *moyen*).

Comparaison du taux des salaires suivant les divers modes de fixation (journée, marchandage, etc.), si plusieurs de ces modes sont simultanément mis en œuvre.

Fluctuation des salaires depuis un quart de siècle. (Remonter plus haut, si on le peut avec précision, soit pour l'atelier lui-même, soit dans le même milieu.)

[1] Pour mesurer cette stabilité, le mieux est de dresser le tableau des ouvriers ou employés en les classant par durée de services : 0 à 6 mois; 6 mois à 1 an; 1 an à 2 ans; 2 ans à 5 ans; 5 ans à 10 ans; 10 ans à 20 ans; 20 ans et plus, et d'exprimer chaque proportion en pourcentage du total.

Rémunération annuelle d'un bon ouvrier ordinaire et d'un bon ménage d'ouvriers (en tenant compte des chômages par morte-saison ou autres).

Chiffres comparatifs pour les familles se livrant, en dehors de l'atelier, aux autres travaux du voisinage, par exemple aux travaux des champs.

5. Primes ou sur-salaires. — Existe-t-il dans l'atelier, en sus du salaire, des primes calculées d'après l'un ou plusieurs des principes suivants :

a. Quantité de travail fait dans la journée, la semaine, la quinzaine ou le mois au delà d'une moyenne déterminée ;

b. Qualité du produit fabriqué (Mode de constatation de cette qualité) ;

c. Économie réalisée sur la matière première, le combustible ;

d. Ancienneté de service.

Indiquer la formule de ces diverses combinaisons ; leurs bases d'application. — Au bout de quel délai les intéressés en connaissent-ils les résultats ? — Ces primes ont-elles pour contre-partie des réductions de salaires, si la quantité et la qualité de produit restent au-dessous d'une certaine limite, si la consommation des matières premières la dépasse ? — Le calcul de ces primes donne-t-il lieu dans la pratique à des contestations ?

En l'absence ou bien outre ces primes mathématiquement fixées, en existe-t-il d'autres à titre de gratifications facultatives, accordées discrétionnairement par les patrons ? — Montant annuel de ces primes et gratifications : pour tout le personnel, par ouvrier.

6. Subventions en nature. — En sus du salaire ou des primes, le personnel jouit-il de subventions en nature, proportionnelles moins au travail effectué qu'aux besoins des familles ? — En quoi consistent-elles :

a. Habitations avec loyers réduits ou à titre gratuit. — Jardin. — Champs ; — *b.* Chauffage ; — *c.* Remèdes et soins médicaux ; — *d.* Écolage ; — *e.* Fournitures et services gratuits ou à prix réduits. (*Herrnkorn* de Hartz ; — Transports et habillements des employés de chemins de fer) ; — *f.* Droits d'usage sur les propriétés du patron.

Montant annuel des subventions : total, moyenne par ouvrier. — Leur rapport au chiffre des opérations de l'atelier et à celui des dividendes (si l'on peut le donner).

7. Régime du travail. — Durée moyenne du travail : (par jour, par semaine, par mois, par an. — Dimanches, jours fériés). — Chômages.

L'ouvrier allie-t-il les travaux agricoles aux travaux manufacturiers pour traverser les chômages?

Nombre d'années de travail avant la retraite? — Morbidité et mortalité professionnelles. — Situation de l'ouvrier dans sa vieillesse.

8. Encouragements au travail et à la durée des services. — Avantages spéciaux attribués aux ouvriers les plus anciens pour favoriser la permanence des engagements. (Primes d'ancienneté. — Secours. — Emplois légers réservés aux ouvriers infirmes ou âgés. — Préférences dont ils jouissent pour les habitations disponibles. — Pensions de retraite.) — Montant de ces avantages.

Médailles et prix récompensant la qualité et la fidélité des services, et relevant la situation des ouvriers anciens et méritants.

9. Payement des salaires. — Espacement des jours de paye. (Par mois, par quinzaine, par semaine.) — Influence de cet espacement sur l'épargne et sur la situation de la famille ouvrière. — Mesures prises pour conjurer les entraînements du jour de paye. (Payement un jour de semaine, — par série alphabétique. — Remise d'un bulletin de paye destiné à la ménagère.)

Dans quel lieu fait-on la paye? — Une partie du payement s'effectue-t-elle en nature? — (Vêtements ou denrées fournis par un économat, une cantine.) — Proportion du salaire en nature et du salaire en argent.

Retenues sur le salaire (pour la caisse de secours, les retraites, l'assurance, les fournitures diverses). — Montant mensuel de ces retenues et leur proportion par rapport au salaire touché en argent. — Parmi ces retenues, en est-il qui correspondent à des fournitures faites par des sociétés coopératives de consommation ayant leur organisation distincte de l'atelier?

Réclamations ou incidents auxquels ont pu donner lieu les payements en nature et les retenues?

Les salaires sont-ils l'objet d'oppositions de la part des fournisseurs locaux? — Nombre et montant de ces oppositions. — Expulsions d'ouvriers locataires pour non-payement ou saisies.

10. Contestations sur la fixation ou le règlement des salaires. — Difficultés sur les salaires. — Grèves. (Histoire. — Causes. — Résultats.)

Les ouvriers ont-ils recours à la juridiction instituée pour trancher leurs différends avec leurs patrons? — A quelles occasions? — Résultats.

Existe-t-il une institution de conciliation ou d'arbitrage pour dénouer pacifiquement les conflits et conjurer les grèves? — Organisation de cette institution. — Circonstances dans lesquelles elle a fonctionné. — Résultats.

11. Rapports entre les salaires et le prix du vivre[1]. — Situations comparatives de l'ouvrier, au point de vue des ressources et des dépenses, aujourd'hui et à diverses époques, en remontant aussi haut que possible pour la même localité.

La hausse du salaire a-t-elle marché plus ou moins vite que le prix du vivre? — A-t-elle été en partie consacrée à l'épargne?

Situation générale des ouvriers employés dans l'établissement et la localité.

III. — SALAIRES AGRICOLES.

Ce questionnaire ne s'applique pas aux tenanciers proprement dits, fermiers, métayers, colons, mais seulement aux ouvriers agricoles, auxiliaires de l'exploitation. (Valets de ferme, bordiers, bouviers, pâtres, bûcherons, vendangeurs, moissonneurs, etc.)

Après avoir rempli les généralités énoncées au chapitre I, le propriétaire du domaine qui emploie des ouvriers agricoles aura à répondre, en ce qui les concerne, à la plupart des questions déjà énumérées au chapitre précédent pour les ouvriers industriels, mais en insistant sur les particularités qui caractérisent le travail des champs et la situation du travailleur rural.

On se bornera donc ici à reproduire les titres des paragraphes du chapitre II, avec quelques sous-détails plus appropriés aux salaires agricoles, mais en renvoyant à ce chapitre pour le développement des questions.

12. Mode de fixation des salaires : à l'heure, — à la journée, — au mois, — à l'année, — à la tâche.

13. Offre et demande de travail. — Mode de recrutement du personnel. — Bandes d'ouvriers embauchés pour les récoltes. (*Bonanza farms* des États-Unis. — *Runs* de l'Australie et du Canada. — Grands domaines en Angleterre, Italie, etc.) — Dates d'embauchage. — Durée et conditions des engagements. — Influence de la coutume.

Nombre d'ouvriers nécessaires par hectare : suivant les cultures, — suivant les saisons.

[1] Voir à la section XV le chapitre consacré au budget de la famille ouvrière.

Quel emploi les ouvriers font-ils des loisirs que leur laisse la culture, surtout l'hiver? — Industries domestiques. — Lesquelles?

Occupe-t-on les femmes, les enfants? — Dans quelles conditions?

Les ouvriers pratiquent-ils l'émigration périodique? — Où vont-ils? — Quand reviennent-ils? — Résultats.

14. Taux des salaires. — Taux suivant les saisons, les travaux, les âges. (Maximum, — minimum, — moyen.)

Variation des salaires agricoles depuis un quart de siècle ou plus. (Influence exercée sur ces variations par le prix du vivre, — le cours des produits du sol, — l'introduction des machines, — l'émigration vers les villes et le manque de bras.)

Comparer la marche des salaires à celle de la rente du sol, et au prix des principales denrées (en indiquant la proportion pour laquelle la main-d'œuvre entre dans ce prix à chacune des époques considérées).

15. Primes ou sur-salaires. — Existe-t-il, en dehors du salaire, des primes destinées à exciter le zèle ou l'habileté de l'ouvrier? — En indiquer les bases, le montant et les résultats.

16. Subventions en nature. — Les ouvriers sont-ils logés : dans un des bâtiments d'exploitation, dans une maison qui leur soit spécialement affectée (Bordier)? — Jouissent-ils d'un lot de terre? — Peuvent-ils y élever des animaux? — Lesquels?

Sont-ils nourris par le propriétaire? — En quoi consiste cette alimentation?

Abandon du croît d'animaux. (Le *Pen-ty* breton.) — Ramassage de bois mort. — Droits de pâturage et autres droits d'usages coutumiers ou bénévoles. (Traits de mœurs. — Particularités traditionnelles. — Moisson. — Fenaison. — Vendanges. — Fêtes rurales.)

Montant annuel des subventions : total; — par tête.

17. Régime du travail. — Durée du travail. — Dimanches et jours fériés.

Stabilité des rapports entre les ouvriers agricoles et les propriétaires. (Citer des exemples de cette stabilité pour le personnel d'exploitation.)

Chômages. — L'ouvrier allie-t-il des travaux manufacturiers aux travaux agricoles?

Situation du vieux paysan.

18. Encouragements au travail et à la durée des services. — Distinctions honorifiques aux vieux domestiques agricoles. — Médailles. — Prix. (Organisation et résultats de ces concours.)

A-t-il été pris quelques mesures pour développer l'habileté professionnelle, l'emploi des outils et des machines perfectionnées et généralement la puissance productive du travail ? — Lesquelles ?

19. Payement des salaires.

Mode et périodicité de payement. — Dépenses faites les jours de paye. — Emploi d'une partie du salaire en épargnes. — Lesquelles ?

Salaires en nature. (Prélèvement sur la moisson. — Denrées. — Boisson. — Vêtements.) — Influence des salaires en nature sur l'équilibre du budget de l'ouvrier rural, sur l'assiette et la situation de sa famille.

20. Contestations sur la fixation ou le règlement des salaires. — Y a-t-il des difficultés relatives aux salaires ? — Comment se dénouent-elles ?

21. Rapport entre les salaires et le prix du vivre. — Comparer, au point de vue des ressources et des dépenses, la situation de l'ouvrier agricole à diverses époques, au cours de ce siècle. — Progrès du bien-être dans son mode d'existence. (Habitation, nourriture, vêtement, hygiène.) — L'épargne a-t-elle marché du même pas (1) ?

Situation générale des ouvriers agricoles employés dans l'exploitation et la localité.

(1) Voir à la section XV le chapitre consacré au budget de la famille ouvrière.

EXPOSITION UNIVERSELLE DE 1889, À PARIS.

DIRECTION GÉNÉRALE DE L'EXPLOITATION.

EXPOSITION D'ÉCONOMIE SOCIALE.

ENQUÊTE.

QUESTIONNAIRE.

SECTION II. — PARTICIPATION AUX BÉNÉFICES. — ASSOCIATIONS COOPÉRATIVES DE PRODUCTION.

I. — PARTICIPATION AUX BÉNÉFICES.

22[1]**. Nature de l'industrie exercée et renseignements généraux.** — Dates de la fondation de la maison et de la participation. — Sa forme légale. (Entreprise individuelle; société en nom collectif; en commandite; anonyme.) — Chiffre d'affaires moyen par an depuis cinq ans. — Capital engagé.

Nombre des ouvriers et employés. — Sur ce nombre, combien d'auxiliaires ne travaillant pas d'une manière permanente ?

A-t-on organisé l'apprentissage ?— fondé une société de secours mutuels?

Pêche maritime.

23. Proportion pour cent que représentent dans la valeur produite les salaires comparés à l'ensemble des autres frais de production. — Travaille-t-on à la journée ou à la tâche ? Taux du salaire : supérieur, égal ou inférieur au taux moyen ?

Primes calculées d'après la quantité plus grande du travail fait, sa qualité supérieure ou l'économie des matières employées. — Avantages gratuits qui pourraient être considérés comme des suppléments de salaire[2].

(1) Le numérotage des paragraphes se poursuivant sans interruption du premier au dernier questionnaire, chacun d'eux se trouve ainsi défini par son numéro matricule, de sorte qu'en tête de la réponse, il suffira d'inscrire ce numéro sans avoir à reproduire ni le titre du paragraphe ni celui de la section.

Parmi les questions du présent questionnaire, chaque déposant se bornera à traiter celles qui le visent personnellement et sur lesquelles il a quelque renseignement de fait à fournir, sans s'occuper des autres.

Il est prié de désigner d'une manière précise et complète en tête de ses réponses le nom, la nature et l'adresse de l'exploitation ou de l'institution qu'il représente avec les fonctions qu'il y remplit, et de joindre à sa déposition tous les documents susceptibles de l'éclairer et de la fortifier, tels que statuts, règlements, comptes rendus, rapports, statistiques, etc.

(2) Voir aussi sur ce même sujet du «sur-salaire» la section I.

24. Proportion et bases de l'attribution aux employés et ouvriers d'une part du bénéfice net annuel ? — Est-ce une quotité fixe pour cent du bénéfice net? — Cette quotité est-elle connue du personnel? — Est-ce une quotité fixe du chiffre brut des ventes de l'année? — Le taux est-il indéterminé?

La participation est-elle établie au profit de tout le personnel sur l'ensemble des bénéfices sans distinction entre les opérations commerciales et le bénéfice du travail industriel proprement dit? — Se borne-t-on à faire participer les ouvriers dans les bénéfices industriels? — Divise-t-on pour cela les ouvriers en groupes, par spécialité de fabrication?

Distribue-t-on aux ouvriers un compte rendu annuel?

A-t-on institué un comité consultatif?

A-t-on adopté l'usage de faire contrôler les comptes, à chaque inventaire, par l'intervention amiable d'un arbitre expert, choisi d'accord par le patron et les ouvriers pour constater, par une déclaration sommaire, la régularité et la sincérité de l'inventaire?

Bases de répartition de la quotité attribuée au personnel (au prorata des salaires, — d'après l'ancienneté, — suivant l'appréciation du patron.) — Droits réservés à l'employé absent, — appelé sous les drapeaux, — congédié.

Conditions exigées pour l'admission au partage des bénéfices. — Par qui l'admission est-t-elle prononcée? — Les auxiliaires ont-ils une part quelconque dans les bénéfices?

Y-a-t-il un fonds de réserve destiné à couvrir les pertes et constitué au moyen de prélèvements annuels faits avant tout partage de bénéfices?

Le capital et le patron prélèvent-ils, avant tout partage de bénéfices, un intérêt et des frais de gérance?

25. Pouvoirs du patron. — Le patron a-t-il sa pleine liberté pour la gestion de l'entreprise, ainsi que pour nommer et congédier le personnel?

26. Mode d'emploi du produit de la participation. — Payement en espèces. — Emploi, en tout ou partie, à des versements à la caisse des retraites de la vieillesse; — à une autre caisse de pensions viagères; — à des primes d'assurance en cas de décès, mixtes ou à terme fixe.

Capitalisation, totale ou partielle, sur livrets individuels, pour la création du patrimoine. — Conditions mises à la délivrance du capital ainsi formé. — Clauses de déchéance. — Modes de placement de ce capital.

Obligation ou simple faculté pour l'ouvrier de laisser le produit de la participation dans l'établissement pour en devenir copropriétaire par la possession d'une ou de plusieurs actions. — *Indiquer le nombre des ouvriers ainsi devenus actionnaires, en rapprochant du chiffre du capital social le montant total des actions souscrites par eux.*

27. Résultats matériels et moraux de la participation pour les ouvriers et pour les patrons. — Montant total, depuis l'origine de la participation, des sommes attribuées à ce titre, sous une forme quelconque, au personnel de la maison. — Chiffre total correspondant des salaires.

Depuis qu'ils participent aux bénéfices, les ouvriers se montrent-ils plus stables, plus assidus, plus économes de matières premières?

II. — ASSOCIATIONS COOPÉRATIVES DE PRODUCTION.

28. Nature de l'industrie exercée et renseignements généraux. — Date de la fondation. — Comment la société s'est-elle créée? (Appel à la corporation; adhésions successives venant s'ajouter à un premier noyau; transformation en association coopérative d'une maison patronale.)

Chiffre d'affaires moyen par an depuis dix ans. — Capital engagé. — Travaux faits. — Intervention et encouragements des pouvoirs publics. — Adjudications publiques de travaux. — Difficultés. — Moyens et résultats.

Forme légale de l'association. (En nom collectif; en commandite simple; en commandite par actions; anonyme; à capital variable. — Formalités; charges fiscales.)

29. Mode de formation du capital. — Apport en nature, — en espèces, — retenues sur le salaire. — Ces retenues sont-elles obligatoires?

Un associé peut-il former son apport uniquement par des prélèvements sur les bénéfices futurs? — Y a-t-il un minimum et un maximum d'apport pour les associés? — Quels en sont les chiffres?

Le capital jouit-il d'un intérêt prélevé avant tout partage de bénéfices? — Quel est cet intérêt?

Accepte-t-on comme associés des capitalistes ne travaillant pas comme ouvriers ou employés de l'association?

30. Constitution de la gérance. — Comment sont élus les gérants ou directeurs? — Pour quelle durée? — Y a-t-il un traité passé avec eux? — Sont-ils rééligibles? — Dans quelles conditions peuvent-ils être révoqués? — *Indiquer la durée effective des fonctions de chaque gérant depuis la fondation de la société.*

Nature et limitation des pouvoirs des gérants ou directeurs.

Comment sont-ils rémunérés : au mois, à l'année? — Ont-ils des frais de représentation? — Ont-ils un tantième sur le chiffre d'affaires?

31. Nombre et situation des associés. — Y a-t-il plusieurs catégories d'associés? — Recrutement de nouveaux associés. — Durée du noviciat imposé aux auxiliaires pour devenir associés.

Délai du remboursement du capital aux associés démissionnaires ou exclus. — Mode de remboursement du capital des associés décédés. — La veuve a-t-elle le droit de remplacer comme associée son mari défunt?

32. Mode de répartition du bénéfice net. — Parts attribuées au travail et au capital. — La société a-t-elle un fonds de réserve constitué par des prélèvements sur bénéfices? — Ce fonds est-il indivisible? — Quel est son chiffre maximum? — Budgets et comptes de gestion depuis dix ans.

33. Droits des auxiliaires. — Ont-ils une part de bénéfices? — Laquelle, et dans quelles conditions? (D'après le salaire; l'ancienneté; l'appréciation des gérants? — Cette part est-elle réglée d'avance ou variable chaque année?)

L'association a-t-elle créé au profit des auxiliaires quelque institution de prévoyance? — En cas d'affirmative, donner des détails complets.

34. Associations fruitières. — Fromageries. — Organisation, résultats.

III. — MÉTAYAGE.

L'enquête, en ce qui concerne le métayage, ne pouvant porter sur toutes les propriétés où ce système est en vigueur, le comité chargé d'y procéder est prié de choisir quelques domaines, qui représentent, — non pas le type moyen dont l'étude appartient à la section XV, — mais les types les plus intéressants du métayage dans la région, — et de faire donner par le propriétaire ou par l'exploitant les renseignements ci-après :

35. Nature de l'exploitation et renseignements généraux. — Mode de culture. — Surface exploitée par le métayer. — Conditions du logement.

36. Proportions et conditions du partage entre le propriétaire et le métayer. (Produire avec la réponse la copie ou l'analyse du bail en vigueur.)

37. Clauses spéciales. — Faisances; — Redevances; — Impôts. — Vieilles coutumes. (Bail à complant, domaine congéable, *tenant right*, etc. — Leur transformation. — Modifications apportées aux anciens contrats pour adapter le métayage à l'agriculture intensive et aux progrès agricoles.

38. Résultats matériels et moraux du métayage pratiqué sur le domaine. — Durée et nature des rapports entre le propriétaire et le métayer. — Aisance. — Épargne.

EXPOSITION UNIVERSELLE DE 1889, À PARIS.

DIRECTION GÉNÉRALE DE L'EXPLOITATION.

EXPOSITION D'ÉCONOMIE SOCIALE.

ENQUÊTE.

QUESTIONNAIRE.

SECTION III. — SYNDICATS PROFESSIONNELS.

I. — ASSOCIATIONS PROFESSIONNELLES.

NOTA. — *Chaque syndicat interrogé est invité à répondre: d'abord aux questions du paragraphe 39* (Généralités); *puis, suivant sa spécialité et sa nature, aux questions comprises dans l'un des paragraphes suivants 40 à 45.*

39 [1]. **Généralités s'appliquant à tous les syndicats.** — Définition de l'association. — Syndicat ou chambre syndicale de patrons; d'ouvriers; mixte entre patrons et ouvriers ou employés; agricole. (Associations de constitution récente ou coutumière : prud'hommes pêcheurs de la Méditerranée, portefaix de Marseille, *Tsecks* et *Artels* russes, *Ghildes* et *Nations* belges, *Trade's Unions* anglaises, *Knappschaftsvereine*, *Bauernvereine*, *Gewerksvereine* et *Innungen* allemandes, *Genossenschaften* autrichiennes, *Knights of labor* des États-Unis, etc.)

Industrie ou commerce représentés. — Cette représentation s'étend-elle à la ville; au canton; à l'arrondissement; au département; à la région?

Histoire de l'association. — En France, s'est-elle conformée à la loi du 21 mars 1884 sur les syndicats professionnels?

[1] Le numérotage des paragraphes se poursuivant sans interruption du premier au dernier questionnaire, chacun d'eux se trouve ainsi défini par son numéro matricule, de sorte qu'en tête de la réponse, il suffira d'inscrire ce numéro sans avoir à reproduire ni le titre du paragraphe ni celui de la section.

Parmi les questions du présent questionnaire, chaque déposant se bornera à traiter celles qui le visent personnellement et sur lesquelles il a quelque renseignement de fait à fournir, sans s'occuper des autres.

Il est prié de désigner d'une manière précise et complète en tête de ses réponses le nom, la nature et l'adresse de l'institution qu'il représente avec les fonctions qu'il y remplit, et de joindre à sa déposition tous les documents susceptibles de l'éclairer et de la fortifier, tels que statuts, règlements, comptes rendus, rapports, statistiques, etc.

Organisation intérieure et financière. — Budget. — Subventions et cotisations. — Dépenses.

Nombre annuel des adhérents depuis l'origine. — Effectif actuel. — Proportion des adhérents avec les non-adhérents de même catégorie dans la circonscription.

L'association admet-elle des femmes? — des étrangers?

A-t-elle institué des cours, des conférences; — des écoles professionnelles ou d'apprentissage; — des caisses de prêts, d'assistance ou de retraite; — des cercles d'ouvriers; — des sociétés d'assurances contre les accidents; — des sociétés de secours mutuels; — des caisses de chômage; — de résistance? (La caisse de résistance se confond-elle, sans budget distinct, avec les fonds de prévoyance : *Trade's Unions; friendly societies.*)

A-t-elle prêté son concours à des expositions nationales ou étrangères? — en a-t-elle organisé de corporatives?

A-t-elle organisé des bureaux de placement? — Comment fonctionnent-ils? — A quelles industries ou à quel commerce s'appliquent-ils? — Rendent-ils des services? — Combien d'emplois procurent-ils annuellement?

A-t-elle coopéré à une Bourse de travail [1]? (Organisation et résultats.)

Comment l'association assure-t-elle à l'égard de ses membres l'exécution des décisions prises et des règles posées?

Possède-t-elle un local en propre? — Une bibliothèque? — A-t-elle un organe spécial? — (Périodicité. — Prix d'abonnement. — Joindre un spécimen.) — Est-elle apte à recevoir des dons et legs? — En a-t-elle reçu?

S'est-elle fédérée avec d'autres associations analogues? — Dans ce cas, but, ressources et composition de ce groupement. — Organe directeur.

A-t-elle pris part à des congrès professionnels? — En a-t-elle organisé? — Résultats.

L'association a-t-elle eu à intervenir dans les conflits entre patrons et ouvriers, dans les grèves de l'industrie qu'elle représente? — Circonstances et résultats de son intervention [2]?

40. Association syndicale de patrons. — L'association a-t-elle organisé une société coopérative pour l'achat en commun de matières premières ou pour la vente en commun des produits fabriqués par ses membres individuellement? — Dans l'affirmative, cette société est-elle distincte du syndicat qui l'a formée?

Les tribunaux de commerce demandent-ils à l'association des arbitres gratuits? — Statistique de cette coopération.

[1] Voir également, pour ce qui touche les Bourses de travail, la section I.

[2] Voir, pour les Grèves, la section I.

Intervention de l'association dans les élections consulaires, — dans la défense des intérêts généraux du commerce ou de l'industrie; des intérêts particuliers à la corporation.

Syndicats contre la surproduction pour l'exportation.

41. Association syndicale d'ouvriers ou d'employés. — L'association a-t-elle organisé des sociétés coopératives de consommation? — A-t-elle provoqué la formation de sociétés coopératives de production ou de crédit? — Les a-t-elle aidées ou subventionnées?

Est-elle intervenue dans l'organisation, la réglementation ou la rémunération du travail? — dans la surveillance, la protection des apprentis ou la limitation de leur nombre? — dans les élections aux conseils de prud'hommes? — Moyens et résultats.

42. Syndicat mixte de patrons et d'ouvriers, ou de patrons et d'employés. — Dans l'association, les patrons et ouvriers ou employés délibèrent-ils en commun ou forment-ils deux sections distinctes?

43. Rapports entre les syndicats de patrons et d'ouvriers. — Ces rapports ont-ils lieu d'une façon accidentelle ou régulière? — S'opèrent-ils par l'intermédiaire d'une commission mixte permanente?

Circonstances dans lesquelles ces rapports se sont produits. — Résultats obtenus.

44. Syndicat agricole. — Le syndicat a-t-il organisé une société pour acheter en commun des semences, engrais, machines, bestiaux, — pour vendre en commun les produits de ses membres (Fruitières; — caves ou chaix collectifs), — pour prévenir ou réprimer la fraude sur les denrées vendues par les membres de l'association? — Dans l'affirmative, cette société est-elle distincte du syndicat? — Résultats obtenus.

45. Associations professionnelles à l'étranger. — Corporations ouvertes ou fermées. — Indiquer les particularités qui ne se trouveraient pas prévues dans les articles précédents du questionnaire.

II. — CONSEILS DE CONCILIATION ET TRIBUNAUX D'ARBITRAGE. CONSEILS DE PRUD'HOMMES.

46. Conseil de conciliation; — Tribunal d'arbitrage. — (*Board of arbitration; — Einigungsamter; — Ausgleichs-Kammer; — Lohn-Komissionen*, etc.)

Origine. — Histoire. — Composition et organisation du conseil ou du tribunal. — Compétence. — Sanction. — Échelle mobile des salaires. — (*Sliding scale. — Basis system.*) — Intervention des corporations ou des associations professionnelles dans l'institution. — Juridiction arbitrale créée par la loi.

Permanence ou intermittence de l'institution. — Circonstances dans lesquelles elle fonctionne. — Résultats obtenus.

47. Conseil de prud'hommes[1]. — **Tribunal industriel.** — Composition du conseil. — Proportion des patrons et des ouvriers. — Présidence. — Durée des pouvoirs.

Élections — par groupes (classement des industries qui les composent); — par métiers. — Nombre des électeurs inscrits et proportion des votants pour les dernières élections. — Industries auxquelles ne s'applique pas cette juridiction. — Motifs de cette exception.

Attributions et limites de la compétence du conseil.

Résultats obtenus. — Statistique des affaires déférées au conseil, — conciliées, — jugées.

Appel devant les tribunaux de commerce. — Statistique des affaires déférées à ces tribunaux.

Action des prud'hommes sur l'harmonie des rapports entre patrons et ouvriers, — sur les grèves; — sur la bonne exécution des contrats d'apprentissage; — sur la sauvegarde de la propriété industrielle (dessins et modèles, marques de fabrique, etc.).

III. — SOCIÉTÉS SAVANTES ET INDUSTRIELLES ADONNÉES À L'ÉTUDE DES QUESTIONS SOCIALES.

NOTA. — *Les sociétés dont l'activité embrasse à la fois des questions techniques, scientifiques et sociales, borneront leurs réponses à la partie de leurs attributions et de leurs travaux qui peut intéresser l'économie sociale.*

48. Sociétés d'économie sociale; — Sociétés industrielles ou autres. — Régime de la Société. — Histoire. — Composition. — Attributions.

Nombre des adhérents. — Ressources.

Institutions créées par la Société, et initiatives prises par elle. — Cours. — Conférences. — Enquêtes. — Concours. — Récompenses. — Publications intéressant l'économie sociale.

Résultats obtenus.

(1) En ce qui concerne les conseils de prud'hommes, l'enquête n'a pas à faire double emploi avec les statistiques officielles et devra se borner à mettre en lumière les particularités intéressantes.

EXPOSITION UNIVERSELLE DE 1889, À PARIS.

DIRECTION GÉNÉRALE DE L'EXPLOITATION.

EXPOSITION D'ÉCONOMIE SOCIALE.

ENQUÊTE.

QUESTIONNAIRE.

SECTION IV. — APPRENTISSAGE.

I. — APPRENTISSAGE DANS L'ATELIER.

49 [1]. **Généralités sur l'atelier.** — Définition de l'atelier et des travaux qui s'y opèrent. — Nombre des ouvriers.

Nombre des apprentis classés par âge et par durée de séjour. — Principes guidant leur recrutement. (Préférence donnée aux fils d'ouvriers de l'atelier; — aux élèves exercés au maniement des outils dans l'école primaire; — au degré d'instruction.)

Le nombre des apprentis est-il limité dans votre industrie? — Principes, sanction et résultats de cette limitation.

50. Rapports entre le patron et l'apprenti. — Conditions d'admission des apprentis. — Durée de l'apprentissage.

Existe-t-il un contrat d'apprentissage écrit ou verbal? — Quelles sont ses clauses? — Quelle est sa sanction? — Est-il généralement exécuté?

L'apprenti est-il nourri, couché? — Rétributions payées par sa famille ou touchées par lui : lesquelles? — au bout de combien de temps?

Rapports avec les parents et les tuteurs pendant l'apprentissage.

[1] Le numérotage des paragraphes se poursuivant sans interruption du premier au dernier questionnaire, chacun d'eux se trouve ainsi défini par son numéro matricule, de sorte qu'en tête de la réponse, il suffira d'inscrire ce numéro sans avoir à reproduire ni le titre du paragraphe ni celui de la section.

Parmi les questions du présent questionnaire, chaque déposant se bornera à traiter celles qui le visent personnellement et sur lesquelles il a quelque renseignement de fait à fournir, sans s'occuper des autres.

Il est prié de désigner d'une manière précise et complète en tête de ses réponses le nom, la nature et l'adresse de l'exploitation ou de l'institution qu'il représente avec les fonctions qu'il y remplit, et de joindre à sa déposition tous les documents susceptibles de l'éclairer et de la fortifier, tels que statuts, règlements, comptes rendus, rapports, statistiques, etc.

51. Méthodes d'apprentissage. — L'apprenti est-il successivement initié aux divers travaux de l'atelier?

Peut-il immédiatement coopérer à des travaux utiles ou doit-il apprendre d'abord les premiers éléments du métier sous la direction d'un ouvrier exercé? — Perte de temps et de matières pour cet apprentissage.

Quel est le procédé qui développe le mieux chez l'apprenti le goût du travail? (Est-ce quand il collabore à des ouvrages destinés à la clientèle ou quand il exécute des travaux spéciaux en vue de son instruction professionnelle?)

Système de récompenses pour exciter le zèle des apprentis.

52. Résultats de l'apprentissage. — Quelle influence l'apprentissage exerce-t-il sur le développement physique, professionnel, intellectuel et moral de l'apprenti?

Que devient l'apprenti à la fin de l'apprentissage? — Quelle est alors sa rétribution moyenne comme ouvrier? — Est-il recherché? — Est-il préféré aux élèves sortis des écoles professionnelles? — Reste-t-il dans l'atelier? — Est-il utile qu'il se déplace ou change de maison pour compléter son savoir professionnel? — Revient-il à l'atelier après ce déplacement? — La maison compte-elle parmi ses employés, contremaîtres et ouvriers, plusieurs de ses anciens apprentis? — Combien par grade? — Les apprentis ont-ils formé entre eux une société amicale pour secours aux camarades appelés sous les drapeaux?

Constitution d'un pécule au profit de l'apprenti. — Emploi de ce pécule. — Habitudes d'épargne (inspirées aux apprentis par la délivrance de livrets de la caisse d'épargne et de la caisse de retraites pour la vieillesse, ou par la participation aux institutions de prévoyance de la maison ou du milieu, telles que sociétés de secours mutuels, caisses de retraite, etc.).

II. — ENSEIGNEMENT PROFESSIONNEL.

53. Écoles d'apprentis spéciales à un atelier.

Le patron qui aura une école de ce genre dans son atelier répondra d'abord aux questions des paragraphes qui précèdent et, en outre, aux questions suivantes :

Nature de l'enseignement. — Ses dispositions générales. — Programme et organisation des cours.

54. Cours professionnels en dehors de l'atelier. — Par qui sont-ils fondés? — Organisation. — Budget. — Local.

Recrutement du personnel enseignant. — Est-il rétribué?

Programme des cours. — (Sont-ils accompagnés d'exercices pratiques? — Comprennent-ils des notions d'économie sociale, principalement en ce qui concerne les sociétés de secours mutuels, les assurances, les caisses d'épargne et de retraite?)

Recrutement et composition du personnel enseigné. — Fréquentation des cours. — Résultats.

55. Écoles professionnelles[1]. — Nature de l'école. — Est-elle instituée par l'État, — par une municipalité, — par une chambre de commerce, — par un syndicat? — Est-elle spéciale à une profession ou en embrasse-t-elle plusieurs? — *Dans ce cas, les énumérer.*

A-t-elle pour objet de former des ouvriers ou des contremaîtres?

Histoire de l'école. — Situation financière. — Budget. — Dépense moyenne par élève. — Nombre des élèves depuis l'origine.

Conditions d'admission des élèves internes ou externes. — Prix de la pension, — du trousseau. — Bourses. — Discipline. — Cantine.

Programme détaillé des cours. — Nature et recrutement du personnel enseignant. — Temps consacré aux travaux pratiques. — Leur organisation au sein de l'école. — Qui fournit la matière première qu'ils élaborent? — Leur travail s'applique-t-il à des produits marchands ou à des objets de démonstration? — Que fait-on de ces produits?

Les élèves ont-ils une prime sur les résultats de leur travail? — Sont-ils spécialisés ou coopèrent-ils à des travaux variés?

Durée du séjour réglementaire. — Durée effective. — Proportion des élèves abandonnant l'école avant l'achèvement des études. — Que fait-on pour retenir les élèves jusqu'à la fin de l'enseignement? (Examens de sortie. — Certificats. — Diplôme. — Haute paye. — Contrats.) — Que deviennent les élèves à la sortie de l'école? — Sont-ils recherchés?

Ont-ils formé entre eux une société d'anciens élèves? — Son organisation et ses résultats.

56. Écoles ménagères pour enseigner aux jeunes filles la tenue du ménage. — Histoire. — Organisation technique et financière de ces écoles. — Budget. — Recrutement. — Programme (couture, blanchissage et repassage, cuisine, panification, hygiène, ménage, pansements, comptabilité domestique). — Résultats.

57. Orphelinats industriels ou agricoles. — Ouvroirs. — Caractère et objet de l'établissement. — Reçoit-il des orphelins, des enfants moralement abandonnés?

Histoire. — Organisation. — Recrutement des enfants. — Conditions d'admission : — Âge. — Sexe. — Prix de la pension. — Durée du séjour.

Nature des travaux. — Proportion de temps consacré à l'enseignement technique et au travail manuel (par jour, par semaine, par an).

[1] La classe VI de la classification générale comprend spécialement les modèles et le matériel de cet enseignement, qui appartient par son côté intellectuel et professionnel à l'exposition d'Économie sociale.

S'il s'agit d'une exploitation agricole, indiquer la surface, le nombre d'hectares cultivés, l'assolement, le mode de culture, les récoltes obtenues.

Si l'établissement est industriel, quels sont les métiers enseignés? — Forme-t-on des spécialistes ou des ouvriers complets? — Les enfants sont-ils disséminés ou groupés?

Méthodes et programme de l'enseignement technique. — Outre cet enseignement, donne-t-on un enseignement moral, civique, religieux?

Recrutement du personnel enseignant.

Conditions de la vie matérielle : — Nourriture. — Trousseau. — Hygiène. — Repos. — Dortoir ou chambres séparées. — Surveillance. — Règles disciplinaires. — Personnel des surveillants (laïques, congréganistes, anciens militaires). — Pénalités. — Récompenses (prix, livrets, primes, salaires, pécule de sortie).

Rapports des enfants avec leur famille, — avec les habitants du pays. — Leur concours est-il prêté aux exploitations du voisinage? — Dans quelles conditions? — Rentrent-ils périodiquement à la maison-mère?

Budget de l'institution. — Ressources financières (dons, cotisations, subventions publiques ou particulières). — Produit du travail des enfants et son chiffre proportionnel dans la recette totale. — Dépenses d'un enfant par jour, par an, pendant la durée moyenne du séjour. — Balance annuelle des comptes. — Situation financière.

Résultats de l'institution. — Services rendus. — Récompenses obtenues. — Que deviennent les enfants à leur sortie de la maison? — Statistique. — Trouvent-ils à s'installer dans la localité ou s'en éloignent-ils?

III. — SOCIÉTÉS DE PATRONAGE.

58. Nature, services et objet de la Société de patronage. — Son organisation. — Ses statuts et ses règlements. — S'applique-t-elle à une seule profession ou à toutes les professions indistinctement?

Procédés mis en œuvre pour surveiller l'exécution du contrat écrit ou verbal d'apprentissage, sauvegarder la moralité, la santé et l'instruction professionnelle des apprentis, les placer à leur sortie. — Intervention en cas de difficultés entre ceux-ci et leur patron.

Réunion des enfants à intervalles déterminés ou le dimanche. — Jeux. — Cantines. — Cours du soir. — Concours annuels. — Distribution de prix.

Budget de la société. — Recettes et dépenses. — Résultats.

EXPOSITION UNIVERSELLE DE 1889, À PARIS.

DIRECTION GÉNÉRALE DE L'EXPLOITATION.

EXPOSITION D'ÉCONOMIE SOCIALE.

ENQUÊTE.

QUESTIONNAIRE.

SECTION V. — SOCIÉTÉS DE SECOURS MUTUELS.

NOTA. — *L'enquête pour l'exposition d'Économie sociale ne pouvant faire double emploi, en ce qui concerne la France, avec celle à laquelle procède annuellement le Ministère de l'intérieur, le questionnaire ci-après ne devra être envoyé qu'aux sociétés dont il y aurait intérêt à mettre en lumière quelques particularités caractéristiques ou qui se recommanderaient par un mérite exceptionnel.*

I. — GÉNÉRALITÉS.

59 [1]. **Définition de la Société.** — Société de secours mutuels; *Friendly Society; Knappschaft*, etc.

Sa situation au regard de la loi de son pays. (Est-elle reconnue d'utilité publique, approuvée, autorisée, enregistrée? — Est-elle obligatoire?)

60. Éléments qui la constituent. — Est-elle recrutée avec les adhérents d'une même circonscription, d'un même atelier, d'une même industrie ou profession? — Comprend-elle des membres honoraires? — Admet-elle les deux sexes; — les enfants?

(1) Le numérotage des paragraphes se poursuivant sans interruption du premier au dernier questionnaire, chacun d'eux se trouve ainsi défini par son numéro matricule, de sorte qu'en tête de la réponse il suffira d'inscrire ce numéro sans avoir à reproduire ni le titre du paragraphe ni celui de la section.

Parmi les questions du présent questionnaire, chaque déposant se bornera à traiter celles qui le visent personnellement et sur lesquelles il a quelque renseignement de fait à fournir, sans s'occuper des autres.

Il est prié de désigner d'une manière précise et complète en tête de ses réponses le nom, la nature et l'adresse de l'exploitation ou de l'institution qu'il représente avec les fonctions qu'il y remplit, et de joindre à sa déposition tous les documents susceptibles de l'éclairer et de la fortifier, tels que statuts, règlements, comptes rendus, rapports, statistiques, etc.

61. Histoire de la Société. — Date de sa fondation; — nom de ses fondateurs; — ses principales phases. — Particularités coutumières.

62. Personnel. — Tableau de l'effectif depuis l'origine ou au moins pour les dix dernières années (si l'âge de la société le permet), en décomposant cet effectif par catégories (membres honoraires, membres participants. — Distinguer, dans ces catégories, les hommes, les femmes et les enfants). — Âge et causes principales des décès des sociétaires morts en 1887.

63. Organisation, administration. — Présidence, conseil d'administration, commission permanente. — Intervention de l'État, — de la corporation ou des syndicats, — de la commune, — des patrons. (Diverses formes de caisses pour la grande et la petite industrie. — Caisses communales, patronales, syndicales ou libres. — *Städtischen Zwangskassen*, — *Fabrikkassen*, — *Freiekassen*[1].)

64. Rapports avec d'autres institutions. — La Société est-elle liée avec des sociétés analogues pour le passage éventuel de ses membres à ces dernières ou réciproquement? — Mécanisme de ces rapports.

Existe-t-il entre elle et les autres sociétés du département une convention en vue de la coassurance pour les maladies prolongées?

A-t-elle des rapports avec d'autres institutions, et lesquels? (Compagnies d'assurances, associations syndicales, sociétés de consommation, sociétés immobilières, *Buildings Societies*, sociétés de crédit, caisses d'épargne et de retraite, chambre consultative des sociétés de secours mutuels, etc.)

Dépend-elle d'une corporation, d'une commune, s'il s'agit d'un pays où l'assurance contre la maladie est obligatoire? — Organisation et fonctionnement.

65. Particularités diverses n'ayant pas trouvé place dans les questions précédentes.

II. — OBJET DE LA SOCIÉTÉ.

66. Secours en cas de maladies. — Soins médicaux et médicaments. — Dispensaires. — Traitement thermal. — Séjour à l'hôpital. — Secours aux femmes en couches; — aux enfants. — Secours à domicile. — Soins de convalescence.

Restrictions et contrôle. (Maladies exclues; visiteurs.)

[1] Lois allemandes des 7 avril 1876, 8 avril 1877, 15 juin 1883, 28 mai 1885, rendant obligatoire l'assurance des ouvriers contre la maladie. — Loi autrichienne du 15 mars 1883.

Indemnité de chômage pour cause de maladie. — Conditions et limitation de cette indemnité. — Précautions contre les abus. — Participation simultanée à plusieurs sociétés.

67. Secours en cas de chômage industriel. — Allocations pour soutenir le sociétaire privé de travail.

Placement du sociétaire sans emploi. — Secours en travail. — Organisation de ce service et résultats obtenus.

68. Secours pour la vieillesse. — Pensions de retraite. — Taux de ces pensions. — Calculs sur lesquels on l'appuie. — Conditions pour la délivrance des pensions.

Le pensionnaire continue-t-il à verser une cotisation; — à bénéficier des secours de diverses natures attribués aux membres participants?

Nombre des pensionnaires depuis l'origine et au moins pour les dix dernières années (si la société remonte au delà de 1876). — Prévisions d'avenir. — Secours aux vieillards infirmes et incurables.

69. Secours en cas de décès. — Frais funéraires. — Taux de ces frais. — Délégations pour les funérailles.

Secours aux veuves et aux orphelins. — Taux et conditions.

70. Assurances diverses. — La Société a-t-elle contracté une assurance collective : sur la vie; — en cas d'accident; — en cas d'incendie.

Taux de l'assurance. — Somme assurée en cas d'accident; — de décès.

III. — ORGANISATION FINANCIÈRE.

71. Recettes de la Société en 1887. — Cotisation des membres honoraires, des membres participants (hommes, femmes et enfants). — Droit d'admission ou de diplôme. — Le taux de la cotisation ou du droit d'admission varie-t-il pour le membre participant suivant le sexe, l'âge, l'emploi, le salaire?

Amendes. — Conditions et taux. — Produit.

Subventions spontanées ou légales de l'État, des communes, des patrons. — Dons et legs.

Intérêts des fonds placés.

Recettes diverses. (Concerts, bals, etc.)

Récapitulation des recettes.

72. Dépenses de la Société en 1887. — Frais généraux. (Local, secrétariat, imprimés.)

Secours médicaux et pharmaceutiques. — Nombre de membres secourus (hommes, femmes, enfants). — Dépense totale et par tête.

Indemnités de chômage. — Nombre de journées de maladie (en distinguant les hommes, les femmes et les enfants).

Service des retraites. — Versements pour le fonds de retraite et versements facultatifs.

Secours aux vieillards infirmes et incurables. — Nombre de vieillards secourus. (Dépense totale et par tête.)

Frais funéraires. (Total et par tête.)

Secours aux veuves et aux orphelins. — Nombre de personnes secourues. (Dépense totale, — par tête.)

Assurances collectives. — Leurs charges par catégorie d'assurances.

Récapitulation des dépenses.

73. Situation financière à la fin de 1887. — Tableau des bilans successifs (depuis l'origine ou au moins pour les dix dernières années, si la fondation est antérieure à 1876).

Encaisse. — Réserves. — Comptes du capital disponible et du capital engagé. — Fonds de retraites.

Placements. — Garanties et contrôle de la gestion financière.

EXPOSITION UNIVERSELLE DE 1889, À PARIS.

DIRECTION GÉNÉRALE DE L'EXPLOITATION.

EXPOSITION D'ÉCONOMIE SOCIALE.

ENQUÊTE.

QUESTIONNAIRE.

SECTION VI. — CAISSES DE RETRAITE ET RENTES VIAGÈRES.

I. — INSTITUTIONS OFFICIELLES.

L'enquête n'a pas à faire double emploi avec les documents officiels qui, pour la plupart des pays, analysent avec détail les institutions comprises dans ce chapitre (caisses d'État, de provinces, de départements, de villes, etc.) Les comités chargés d'y procéder devront en conséquence réunir avec soin tous ces documents pour leur circonscription et se borner à les compléter, en insistant sur les particularités locales qui distingueraient telle ou telle de ces institutions.

Pour les pays où ces documents manqueraient de précision, il sera bon d'adresser ce questionnaire à quelques institutions choisies de manière à servir de type moyen pour les établissements analogues, en les invitant à répondre aux questions suivantes :

74 [1]. **Définition de l'établissement.** — Son histoire. — Origine. Phases diverses.

Organisation légale et administrative.

[1] Le numérotage des paragraphes se poursuivant sans interruption du premier au dernier questionnaire, chacun d'eux se trouve ainsi défini par son numéro matricule, de sorte qu'en tête de la réponse il suffira d'inscrire ce numéro sans avoir à reproduire ni le titre du paragraphe ni celui de la section.

Parmi les questions du présent questionnaire, chaque déposant se bornera à traiter celles qui le visent personnellement et sur lesquelles il a quelque renseignement de fait à fournir, sans s'occuper des autres.

Il est prié de désigner d'une manière précise et complète en tête de ses réponses le nom, la nature et l'adresse de l'exploitation ou de l'institution qu'il représente avec les fonctions qu'il y remplit, et de joindre à sa déposition tous les documents susceptibles de l'éclairer et de la fortifier, tels que statuts, règlements, comptes rendus, rapports, statistiques, etc.

Prière aussi d'envoyer les enquêtes, les rapports officiels, les projets de lois, les comptes rendus de congrès, les journaux et projets individuels ayant pour objet les retraites et les rentes viagères.

75. Fonctionnement et administration de la caisse.

Règles adoptées pour le calcul et la fixation des retraites.

Taux de l'intérêt servant de base à la capitalisation. (Ce taux est-il fixé d'avance ou annuellement? — Est-ce le taux courant des capitaux? — Un taux de faveur est-il consenti par l'État, au moins dans certains cas? — L'institution admet-elle d'autres modes de bonification que ce taux de faveur consenti par l'État? — Dans quel cas?)

Tables de mortalité en usage. — Observations auxquelles elles donnent lieu.

76. Régime des pensions servies par l'État.

Conditions des versements. — Leurs limites. — Capital aliéné ou réservé.

Droits de la femme mariée.

Âge de l'entrée en jouissance.

Insaisissabilité de la pension.

77. Personnel. — Nombre des adhérents depuis l'origine. — Leur répartition entre les diverses classes de la population.

Nombre des pensionnaires.

78. Résultats financiers. — Opérations de la caisse depuis l'origine.

Montant des versements par année. (Distinguer les versements individuels et ceux qui sont faits par des collectivités : administrations publiques ou privées, sociétés de secours mutuels.)

Montant de la pension par tête.

Placements effectués par la caisse.

Sacrifices (directs ou indirects) imposés à l'État par cette institution.

Contrôle financier.

79. Retraite des fonctionnaires. — Législation.

Existe-t-il une caisse par administration publique ou une caisse unique pour tous les fonctionnaires?

Est-elle alimentée par des retenues obligatoires sur leur traitement? — Lesquelles? — Par des subventions de l'État? — Lesquelles? — Proportion pour laquelle concourent ces deux natures de ressources. — Quel en en est l'emploi?

Conditions à remplir pour la liquidation des pensions. (Âge, — durée des services, — invalidité.) — Déchéance. — Droits de la famille en cas de décès. (Veuves. — Orphelins.)

Système du patrimoine, avec livret individuel acquis au fonctionnaire ou à sa famille en cas de révocation ou de décès. — Conditions d'application.

Statistiques des opérations de la caisse de retraite des fonctionnaires. (Nombre des participants, — des pensionnaires. — Montant des versements annuels, — des subventions, — des pensions.) — Situation de la caisse. — Engagements d'avenir.

II. — INSTITUTIONS PROVENANT DE L'INITIATIVE DES INTÉRESSÉS.

On renvoie pour ce chapitre aux paragraphes du questionnaire des syndicats professionnels, des sociétés de secours mutuels et des associations coopératives, où il est question des rapports entre ces institutions et les retraites. (Sections III, V, IX et X.)

III. — INSTITUTIONS PROVENANT DE L'INITIATIVE PATRONALE.

80. Organisation et fonctionnement de ces institutions.

Comment sont-elles alimentées ? — par des retenues sur le salaire ou le traitement des intéressés; — par des subventions patronales; — par des donations spéciales ayant contribué à former ou alimenter les fonds de retraite ? — Proportion dans laquelle ces différentes ressources concourent aux charges.

Emploi des fonds recueillis. — Sont-ils conservés dans la caisse de la maison ? — Sont-ils versés par le patron, à titre d'intermédiaire, dans une caisse de l'État, — dans celle d'une compagnie d'assurance ?

Tous les agents de l'établissement bénéficient-ils de l'institution ? — N'y ont-ils droit qu'après un stage ? (Employés commissionnés et auxiliaires. — Ouvriers *stables* et *instables* des caisses allemandes.)

Ont-ils des livrets individuels ? — Les conservent-ils en cas de démission ou de révocation ? — Peuvent-ils, sans perdre leurs droits, passer d'un établissement à un autre dans la même circonscription ?

Les pensions sont-elles constituées à capital aliéné ou à capital réservé ? — Des avantages spéciaux sont-ils consentis en vue de la constitution des rentes à capital réservé ?

81. Caisses de prévoyance.

Système du patrimoine substitué à la rente viagère. — Conditions du système. — Déchéance en cas de départ. — Droits de la famille.

82. Résultats financiers. — Opérations de la caisse depuis l'origine.

Nombre successif des adhérents, — des pensionnaires. (Les décomposer en catégories par âges.)

Montant des versements des intéressés; — des sacrifices des patrons.

Pension moyenne par tête.

Situation de la caisse. — Son budget en 1887. — Recettes et dépenses. — Excédent. — Subventions patronales.

État des engagements de la caisse. — Sa situation en cas de liquidation.

EXPOSITION UNIVERSELLE DE 1889, À PARIS.

DIRECTION GÉNÉRALE DE L'EXPLOITATION.

EXPOSITION D'ÉCONOMIE SOCIALE.

ENQUÊTE.

QUESTIONNAIRE.

SECTION VII. — ASSURANCES CONTRE LES ACCIDENTS ET SUR LA VIE.

I. — ASSURANCES CONTRE LES ACCIDENTS.

83 (1). **Bases de l'assurance et renseignements généraux.** — Nature de l'industrie exercée par l'établissement. — Outillage qu'il emploie. (Outils à la main; — machines-outils; — moteurs.)

Effectif moyen des ouvriers depuis cinq ans (en le décomposant par sexe, par âge, par spécialités. — Occupe-t-on des apprentis? — Combien?) — Montant moyen annuel de la main-d'œuvre.

Règlements, prescriptions et mesures ayant pour objet la sécurité des ouvriers. (*Produire les textes.*) — Surveillance exercée sur l'exploitation par les délégués des ouvriers ou de l'État.

Nombre des accidents survenus depuis dix ans. — Leurs causes. — Leurs conséquences. (Mort. — Incapacité permanente ou temporaire de travail.)

Joindre aux réponses les statistiques qui auraient été dressées sur les accidents constatés dans l'industrie dont il s'agit et dans la contrée qu'elle occupe, en définissant les circonstances de ces enquêtes et leurs garanties d'exactitude.

84. Mode d'assurance. — Les ouvriers sont-ils assurés contre les accidents du travail à titre individuel ou collectif? — Le sont-ils à une

(1) Le numérotage des paragraphes se poursuivant sans interruption du premier au dernier questionnaire, chacun d'eux se trouve ainsi défini par son numéro matricule, de sorte qu'en tête de la réponse il suffira d'inscrire ce numéro sans avoir à reproduire ni le titre du paragraphe ni celui de la section.

Parmi les questions du présent questionnaire, chaque déposant se bornera à traiter celles qui le visent personnellement et sur lesquelles il a quelque renseignement de fait à fournir, sans s'occuper des autres.

Il est prié de désigner d'une manière précise et complète en tête de ses réponses le nom, la nature et l'adresse de l'exploitation ou de l'institution qu'il représente avec les fonctions qu'il y remplit, et de joindre à sa déposition tous les documents susceptibles de l'éclairer et de la fortifier, tels que statuts, règlements, comptes rendus, rapports, statistiques, etc.

caisse publique, — à une compagnie d'assurances anonyme, — à une compagnie mutuelle, — à une corporation ou à un syndicat, — à une caisse particulière à l'établissement ou au groupe d'exploitations dont il fait partie?

L'assurance couvre-t-elle tous les accidents quels qu'ils soient, ou seulement ceux qui entraînent l'incapacité permanente de travail ou la mort?

L'initiative de l'assurance émane-t-elle des ouvriers, — des patrons, — de l'État?

Dans le cas où l'initiative émanerait de l'État, comme en Allemagne (lois des 6 juillet 1884 et 28 mai 1885), décrire avec soin l'organisation de l'assurance obligatoire, son mécanisme, son application et ses résultats.

85. Responsabilité civile du patron. — A qui incombe l'obligation de la preuve? — Responsabilités de droit commun. (Risques professionnels inhérents au travail; — cas de force majeure; — faute du patron; — faute de l'ouvrier.) — Législation, — jurisprudence.

La responsabilité civile du patron est-elle couverte en même temps par la prime de l'assurance souscrite en faveur de ses ouvriers, ou par une prime et une police distinctes? — Reste-t-il son propre assureur en conservant une part proportionnelle ou autre dans le règlement des sinistres qui peuvent engager sa responsabilité civile?

86. Fonctionnement de l'assurance. — Mode de constatation des accidents. — Formalités et procédure. — Classement des accidents d'après leur gravité. (Incapacité temporaire de travail, — incapacité permanente, — décès.) — Soulève-t-il des difficultés? — Par qui sont-elles résolues?

87. Primes ou cotisations. — Les primes sont-elles calculées par tête, — sur la masse des salaires? — Taux suivant la base adoptée et suivant la nature des risques. (Ordinaires, — hasardeux, — très chanceux.) — Procédure de ce classement. — Comment se tranchent les contestations qu'il soulève?

La prime de l'assurance au profit des ouvriers est-elle supportée : par le patron, — par les ouvriers, — par le patron et les ouvriers et dans quelle proportion?

Mécanisme de l'assurance collective avec ou sans clause de substitution.

Conditions de la prime pour couvrir la responsabilité civile du patron, si elle fait l'objet d'une assurance distincte.

88. Règlement des sinistres. — Taux et nature de l'indemnité allouée à l'ouvrier sinistré (Capital, rente viagère, allocation fixe ou quotidienne), suivant la gravité et les circonstances de l'accident. — Ce taux est-il proportionnel à la prime, — au salaire? — Tient-il compte de l'âge de la victime, — de la situation de famille?

Cette indemnité éteint-elle la responsabilité de droit commun? — Se cumule-t-elle avec celle que pourrait entraîner cette responsabilité?

En cas de décès, quels sont les droits de la veuve, des enfants mineurs, des ascendants et autres héritiers? — Conditions en cas de convol de la veuve.

Procédure de la liquidation des indemnités. — Instruction. — Autorités prononçant en première instance, — en appel. (*Vertrauen — Männer* et *Tribunal arbitral* de la loi allemande.) — Comment se constate la cessation de l'invalidité temporaire? Mécanisme du payement aux ayants droit, dans le cas de rentes ou d'indemnités périodiques.

89. Caisses de secours. — L'établissement a-t-il établi en faveur de ses ouvriers une caisse de secours contre les accidents?

Organisation de cette caisse. (*Produire les statuts, les règlements, les comptes rendus et documents analogues.*) — Est-elle obligatoire ou facultative? — Comment est-elle gérée? — Formation du conseil d'administration. — Ses pouvoirs.

Provenance des ressources de la caisse. (Cotisation des ouvriers, — subvention des patrons, — amendes, — etc.) — Budget annuel.

Taux des cotisations. — Montant des indemnités en cas de sinistre. — Nombre des adhérents, — des pensionnaires (ouvriers, veuves, orphelins), — des ouvriers secourus.

Opérations de la caisse. — Sa situation à la fin de 1887. — Réserve. — Placement des fonds. — Contrôle de la gestion.

Tableau des engagements d'avenir mis en regard de l'actif dans l'hypothèse d'une liquidation de la caisse. — Les statuts ont-ils prévu le cas de déficit et les moyens d'y parer?

Si la caisse particulière à l'exploitation est affiliée à une caisse centrale ou régionale, fournir les mêmes renseignements et définir les attributions respectives de ces deux ordres de caisses.

90. Résultats de l'assurance. — Résultats financiers. — Montant des primes annuelles à la charge de l'établissement, — des ouvriers. — Les charges de l'établissement sont-elles établies de façon à soulager le présent en grevant l'avenir, ou dès à présent proportionnées aux engagements pris vis-à-vis des sinistrés avec constitution de réserves suffisantes?

Montant des indemnités allouées sous diverses formes (*en donner la décomposition et le détail*). — Si la caisse d'assurance est patronale et si les primes laissent un boni, comment est-il réparti?

Résultats moraux. — L'assurance éteint-elle les procès en cas d'accidents? (S'il en est survenu, en dire les causes, les circonstances et les effets.) — Diminue-t-elle la vigilance contre les accidents? — A-t-elle détendu les liens entre les ouvriers et les patrons, en rendant ces derniers plus ou moins irresponsables, ou a-t-elle resserré ces liens, en supprimant les occasions de conflits pour le règlement des indemnités en cas d'accidents? — Les indemnités sont-elles suffisantes pour les besoins des sinistrés?

91. Particularités diverses n'ayant pas trouvé place dans les paragraphes précédents. — Détails d'organisation coutumière en matière de groupement corporatif et d'assurance.

II. — ASSURANCES SUR LA VIE.

92. Personnel assuré. — Y a-t-il dans l'établissement des ouvriers ou des employés assurés sur la vie? — Combien? — Appartiennent-ils à une catégorie distincte? — Laquelle? — L'initiative de cette assurance émane-t-elle des ouvriers, — de leur patron, — d'une société philanthropique de propagande (société de Mulhouse), — d'une société de secours mutuels approuvée? (Assurance collective annuelle en cas de décès, au profit des membres des sociétés de secours mutuels, prévue par la loi française du 11 juillet 1868.)

93. Conditions de l'assurance. — A quelle caisse sont assurés ces ouvriers? (Caisse publique d'assurances par l'État; — compagnie d'assurances par actions; — société mutuelle.)

Taux des primes ou cotisations. — Le patron les paye-t-il en totalité ou en partie? — Formule de l'assurance (en cas de décès; — en cas de vie; — assurance mixte; — différée; — à terme fixe; — sur une ou plusieurs têtes; — avec ou sans participation aux bénéfices; — à primes temporaires. — Assurance de capital ou de rente.) — Rachat de la police, en cas d'interruption du payement des primes. — Conditions de ce rachat. — Des mesures ont-elles été prises pour conjurer la déchéance des assurés à défaut du payement des primes?

Avantages assurés en échange des primes. — Montant du capital ou de la rente. — Âge auquel on y a droit. — Réversibilité au profit de la veuve et des enfants. — L'assurance couvre-t-elle tout ou partie des frais funéraires?

III. — ASSURANCES DIVERSES.

94. Renseignements généraux.

Signaler les particularités qui, en matière d'assurances contre l'incendie, la grêle, les épizooties, etc., peuvent intéresser les ouvriers industriels et agricoles. — Produire les statistiques, les cartes établies sur ces sinistres, leur fréquence, leur gravité, et sur le classement des risques suivant la contrée et l'objet assuré.

IV. — INSTITUTIONS D'ASSURANCES.

95. Documents à réunir.

Statuts, règlements, comptes rendus, tables de mortalité, statistiques collectives ou distinctes concernant les institutions d'État, les corporations, les syndicats et les compagnies à primes fixes ou les sociétés mutuelles, nationales ou locales, françaises ou étrangères, qui pratiquent sous toutes ses formes l'assurance contre les accidents, sur la vie, sur les transports, contre l'incendie, la grêle, l'épizootie et autres risques.

EXPOSITION UNIVERSELLE DE 1889, À PARIS.

DIRECTION GÉNÉRALE DE L'EXPLOITATION.

EXPOSITION D'ÉCONOMIE SOCIALE.

ENQUÊTE.

QUESTIONNAIRE.

SECTION VIII. — ÉPARGNE.

I. — INSTITUTIONS AYANT UNE ORIGINE OU DES ATTACHES OFFICIELLES.

On comprend sous ce chapitre les caisses fondées, dirigées ou patronnées par l'État, les provinces, les départements, les communes, les chambres de commerce, etc.

L'enquête n'étant pas destinée à faire double emploi avec les statistiques officielles, qui, pour la plupart des pays, ont répandu la plus grande lumière sur les institutions de cette nature, les comités d'enquête devront réunir avec soin tous ces documents pour leur circonscription, en se bornant à les compléter et à signaler les particularités locales qui pourraient distinguer telle ou telle caisse d'épargne.

Pour les pays où les documents officiels ne renseigneraient pas les comités avec assez de précision, il sera bon d'adresser ce questionnaire à quelques établissements choisis pour servir de type moyen parmi les établissements analogues, en les invitant à répondre aux questions suivantes :

96[(1)]**. Définition de l'établissement.** — Caisses nationales. — Caisses postales. — Caisses scolaires. — « Monts » italiens. — *Saving Banks.* — *Sparkassen.*

Histoire. — Origine. — Phases diverses.

(1) Le numérotage des paragraphes se poursuivant sans interruption du premier au dernier questionnaire, chacun d'eux se trouve ainsi défini par son numéro matricule, de sorte qu'en tête de la réponse il suffira d'inscrire ce numéro sans avoir à reproduire ni le titre du paragraphe ni celui de la section.

Parmi les questions du présent questionnaire, chaque déposant se bornera à traiter celles qui le visent personnellement et sur lesquelles il a quelque renseignement de fait à fournir, sans s'occuper des autres.

Il est prié de désigner d'une manière précise et complète en tête de ses réponses le nom, la nature et l'adresse de l'exploitation ou de l'institution qu'il représente avec les fonctions qu'il y remplit, et de joindre à sa déposition tous les documents susceptibles de l'éclairer et de la fortifier, tels que statuts, règlements, comptes rendus, rapports, statistiques, etc.

97. Organisation légale. — Rapports avec l'État. — Administration.

Emploi des fonds. — Surveillance (Versement dans une caisse d'État. — Amortissement de la dette publique. — Prêts hypothécaires. — Conditions de ces prêts.) — Réserves.

98. Conditions des dépôts. — Intérêts payés aux déposants. — Versements. — Retraits. — Formalités. — Droits de la femme mariée.

Limite des dépôts (pour les versements en une fois, annuels, cumulés). — Emploi des fonds excédant la limite.

Clause de sauvegarde. (A-t-elle été appliquée? — Dans quelles conditions?)

99. Clientèle. — Nombre annuel des déposants depuis l'origine. (Livrets ouverts, — liquidés, — restants.)

Décomposition du personnel par profession.

100. Résultats financiers.

Indiquer, depuis l'origine de l'institution, le chiffre et le mouvement des dépôts, — des retraits, — des comptes ouverts; — le montant moyen des livrets (avec l'explication des brusques écarts en plus ou en moins présentés par ce tableau, qui gagnerait à être produit sous la forme graphique).

Établir le bilan détaillé des opérations pour l'année 1887, en spécifiant l'emploi des fonds et celui des réserves.

101. Particularités.

Consigner ici les détails qui n'auraient pu trouver place dans les paragraphes précédents.

II. — INSTITUTIONS D'UN CARACTERE PUREMENT PRIVÉ.

102. Généralités sur l'institution. — Son nom. — Sa forme légale. (Société en nom collectif, — anonyme; — association commerciale en participation aux termes des articles 47 et suivants du Code de commerce français. — Autres formes prévues par les législations étrangères.)

Histoire. — Origine. — Noms des fondateurs. — Phases diverses.

103. Mécanisme de la Société. — Définir exactement son objet et son mécanisme. — Analyser ses statuts. (Vise-t-elle surtout une clientèle rurale ou urbaine, agricole ou industrielle?) — Durée statutaire.

Administration. — Son mode de formation. — Ses pouvoirs. — Leur durée. — Leurs limites. — Le mandat des administrateurs est-il gratuit?

Composition et pouvoirs de l'assemblée générale.

Droits et devoirs des sociétaires. — Montant de la cotisation. — Justification de leurs versements. — Livrets (*joindre un spécimen*). — Engagements pris envers les membres. — Clauses de déchéance. — Libérations et remboursements anticipés. — Droits des familles des sociétaires décédés — Mesures prévues en cas de liquidation.

104. Personnel. — Nombre annuel des adhérents depuis l'origine. — (Admissions. — Démissions. — Radiations. — Décès.)

Se recrutent-ils dans un seul établissement, — un seul quartier, — une seule commune, — une seule profession ? — S'ils comprennent plusieurs métiers, donner leur répartition par catégories professionnelles. (Existe-t-il des membres honoraires recrutés parmi les propriétaires ou les patrons? — Quels sont leurs droits, — leurs charges?)

105. Emploi des fonds. — Ces fonds sont-ils placés en valeurs mobilières; — en prêts hypothécaires ou industriels? (Choix des valeurs mobilières. — Conditions des prêts. — Cautions. — Limite du montant des prêts. — Termes des échéances. — Garanties diverses. — Délais de remboursement aux exposants.)

Contrôle de la gestion des fonds. — Commission de surveillance. — Répartition des intérêts et bénéfices. (Droits des familles des sociétaires décédés.)

106. Résultats financiers. — Donner le tableau des opérations depuis l'origine. — Recettes. (Versements des déposants; — intérêt des capitaux; — amendes; — déchéances; — recettes diverses.) — Dépenses. (Frais d'administration, — en donner le détail; — intérêts aux déposants.) — Encaisse.

Dresser le bilan détaillé des opérations pour l'année 1887 et les prévisions budgétaires des prochains exercices.

107. Particularités pour divers types spéciaux de Sociétés d'épargne. — Sociétés ayant pour but l'achat en commun de valeurs à lots. (Type de *la Fourmi.*) — Leurs dates de fondation. — Leur durée. — Séries en cours. — Montant de la cotisation mensuelle. (La Société a-t-elle gagné un ou plusieurs lots? — Lesquels?) — Estimation de la part (d'après le montant d'achat ou le cours des valeurs aux époques d'inventaire). — Est-il tenu compte dans cette estimation des cotisations en avance ou en retard?) — Rendement annuel des capitaux depuis l'origine. (Comment le calcule-t-on? — Éléments qui le composent. — Comprend-on dans le bénéfice seulement les produits du capital versé, ou y fait-on figurer, le cas échéant, la plus-value des valeurs aux époques d'inventaire?)

— Nombre des comptes ouverts et des parts souscrites. — Dons et legs. — Subventions diverses.

Sociétés retenant le capital et n'admettant leurs membres au partage des intérêts qu'au bout d'un certain stage. (Type des *Prévoyants de l'Avenir.*) — Effectifs des diverses promotions. — Leurs chances respectives. — Calculs d'avenir sur la marche de l'accroissement illimité du capital et le taux des parts des sociétaires.

Sociétés tontinières. — Organisations et résultats.

Sociétés agricoles. (Type du *Schleswig-Holstein.*)

Sociétés coopératives de construction. (*Building societies; — Land societies* [1].)

Sociétés diverses, ayant pour but et pour résultat le développement de l'épargne chez leurs adhérents.

III. — INSTITUTIONS ÉMANANT DE L'INITIATIVE PATRONALE.

108. Systèmes divers d'encouragement à l'épargne. — Versement des épargnes des ouvriers en compte courant dans la caisse du patron. — Limite des dépôts. — Placement des fonds restitués.

Taux de l'intérêt servi aux déposants. — Bonification supplémentaire d'intérêt ou primes pour les premiers versements.

Épargne sous forme de placement immobilier. — Avances pour l'achat d'un terrain; — la construction ou la libération d'une maison.

Placement de l'épargne ouvrière en parts d'intérêt ou actions de l'établissement industriel.

Constitution du patrimoine de l'ouvrier (par voie de capitalisation à intérêts composés, sur livret individuel : du produit de la participation aux bénéfices, des dividendes d'une société coopérative de production ou consommation, enfin des subventions patronales avec ou sans retenue sur le salaire).

Systèmes divers aboutissant par d'autres moyens à susciter l'épargne et à en développer le goût.

[1] Pour les Sociétés coopératives de production, voir plus spécialement le questionnaire de la section II, et pour les sociétés coopératives de consommation, celui de la section IX.

EXPOSITION UNIVERSELLE DE 1889, À PARIS

DIRECTION GÉNÉRALE DE L'EXPLOITATION.

EXPOSITION D'ÉCONOMIE SOCIALE.

ENQUÊTE.

QUESTIONNAIRE.

SECTION IX. — ASSOCIATIONS COOPÉRATIVES DE CONSOMMATION.

I. — GÉNÉRALITÉS COMMUNES À TOUTES LES ASSOCIATIONS DE CONSOMMATION.

109 [1]. **Origine et formation de la Société.** — Histoire et date de cette formation. (Avait-elle été précédée d'essais antérieurs? — les décrire; — causes et circonstances de leur insuccès.)

Motifs de la fondation de la Société. (Prix excessifs des denrées; — leur mauvaise qualité. — Rigueur des débitants vis-à-vis des débiteurs arriérés.) — Quels ont été ses promoteurs et ses fondateurs? (Situation sociale; — mobiles.) — L'initiative a-t-elle émané de personnes isolées (ouvriers, bourgeois, patrons, personnes étrangères ou non à la localité) ou d'une collectivité? (Société de secours mutuels, chambre syndicale, syndicat professionnel, agricole ou autre).

110. Objet et forme de la Société. — Nature des opérations de la Société et des produits qu'elle vend. (Épicerie, boulangerie, restaurant, etc.) — Fabrique-t-elle ses produits partiellement ou totalement?

(1) Le numérotage des paragraphes se poursuivant sans interruption du premier au dernier questionnaire, chacun d'eux se trouve ainsi défini par son numéro matricule, de sorte qu'en tête de la réponse, il suffira d'inscrire ce numéro sans avoir à reproduire ni le titre du paragraphe ni celui de la section.

Parmi les questions du présent questionnaire, chaque déposant se bornera à traiter celles qui le visent personnellement et sur lesquelles il a quelque renseignement de fait à fournir, sans s'occuper des autres.

Il est prié de désigner d'une manière précise et complète en tête de ses réponses le nom, la nature et l'adresse de l'association qu'il représente avec les fonctions qu'il y remplit, et de joindre à sa déposition tous les documents susceptibles de l'éclairer et de la fortifier, tels que statuts, règlements, comptes rendus, rapports, statistiques, etc.

La Société est, en outre, priée d'envoyer un exemplaire des livrets, carnets, en un mot de tous les imprimés qu'elle distribue à ses membres.

Ses opérations sont-elles limitées aux actionnaires ou s'étendent-elles d'une manière quelconque au public?

Forme légale de l'association. — Motifs qui l'ont fait adopter.

Analyse et justification des dispositions caractéristiques des statuts. — Comment et par qui ont-ils été préparés? — Ont-ils été faits devant notaire ou sous seing privé? — Sont-ils basés sur la loi de 1867? — Ont-ils été dûment enregistrés? — Frais de ces formalités.

Charges fiscales supportées par la Société. (Patente. — Licence. — Droits de circulation. — Impôt de 3 p. 100 sur les valeurs mobilières. — Timbre sur les actions ou le livret. — Indiquer les bases de ces divers impôts, leur montant, les contestations auxquelles ils ont pu donner lieu, les détaxes obtenues, etc.)

111. Capital. — Constitution, composition et importance du fonds social. (Bases qui ont servi à le fixer.) — Capital fixe; — capital variable; — capital actions.

Actions. (Forme; — nombre; — valeur.) — Mode de libération (en bloc, — par acomptes successifs; — sur les dividendes). — Pénalités en cas de retard (amendes; — déchéance). — Existe-t-il des parts de fondateurs, — des actions de jouissance? — Le nombre des actions par actionnaire est-il limité? (Taux et motifs de la limitation.) — Nombre total des porteurs d'actions. — Nombre moyen d'actions par tête.

Mode de rémunération des actions. — Système de rémunération directe. (Payement d'un intérêt fixe. — Lequel? — Est-il prélevé sur le produit brut, à titre de frais généraux? — Partage des bénéfices nets. — Dans quelle proportion?) — Système de la rémunération indirecte. (L'action confère-t-elle simplement le droit d'être membre et client de la Société?) — Motifs de la préférence donnée à l'un ou l'autre de ces deux systèmes.

Obligations. (Forme; — nombre; — valeur; — mode et objet de l'émission. — Conditions de remboursement. — Intérêt. — Échéances et montant des coupons.) — Ont-elles été exclusivement réservées aux actionnaires?

Emprunts en dehors des obligations. (Leur objet, leurs conditions et leur gage. — La Société a-t-elle contracté des hypothèques? — Quelles en sont la nature et l'importance?

Capitaux en compte courant. — Dépôts. (La Société reçoit-elle, à ce titre, les capitaux de ses membres, — ceux du public? — Dispositions prises pour provoquer ces dépôts et par là favoriser l'épargne.) — Taux de l'intérêt servi aux déposants. — Conditions et formalités de retrait. — Emploi de ces capitaux.

Augmentation du capital. (Mode prévu pour ces augmentations.)

Indiquer celles qui ont eu lieu, leur importance, leur date et leur objet.

112. Nombre et situation des associés. — Distingue-t-on les associés en plusieurs catégories? (Membres fondateurs, honoraires, actifs, etc.) — Leurs obligations et leurs droits respectifs. — Outre le payement de l'action, ont-ils à supporter un droit d'entrée? — Lequel? — Nombre des associés classés par catégorie et d'après leur situation sociale. (Appartiennent-ils à une seule profession ou à une condition déterminée?)

Fournir ce nombre ainsi décomposé, année par année, depuis la fondation, en présentant, autant que possible, ce tableau sous la forme graphique.

Conditions d'admission. — Recrutement des nouveaux membres. — Moyens pris pour l'assurer. — Clauses et cas de radiation ou de déchéance. (Leur application en fait.) — Droits et obligations des actionnaires.

113. Gestion de la Société. — Organisation des pouvoirs. — Conseil d'administration. (Sa composition.) — Bureau. — Gérant ou directeur. — Commission des comptes.

Mode de constitution de ces pouvoirs. — Nomination. — Attributions. — Rémunération ou gratuité. — Durée statutaire du mandat. — Son renouvellement. — Rééligibilité. (*Indiquer la durée effective des fonctions des principaux organes de la Société et notamment du directeur ou du gérant.*) — Conditions de révocation. (Ont-elles été appliquées?)

Présenter le tableau du personnel dirigeant avec la rémunération de chacun de ses membres.

Le personnel actif en sous-ordre est-il recruté parmi les associés ou en dehors d'eux? — Son concours est-il gratuit ou rémunéré? (Dans ce dernier cas, sa rémunération est-elle fixe? — A-t-elle le caractère d'un intérêt; — d'une participation aux bénéfices; — d'une prime proportionnelle au chiffre d'affaires ou au montant des ventes? — *Donner la formule de ces divers modes.*)

Intervention individuelle des actionnaires dans la gestion. (Y prennent-ils part à tour de rôle, et comment? — Sont-ils tous successivement appelés à la contrôler?)

Assemblées générales des actionnaires. (Époques et conditions de convocation; — de validité des assemblées ordinaires, — extraordinaires. — Constitution, — pouvoirs, — délibérations et décisions de ces assemblées. — Part qu'elles prennent à la gestion de la Société.) — Publicité donnée aux actes sociaux.

114. Opérations de la Société. — Achats. — Provenance des achats. (Producteur direct. — Intermédiaires. — Lesquels? — Magasin de gros; — magasin central, — coopératif ou non. — *Wholesale.* — Existe-t-il dans la région une société coopérative d'achat en gros, dont les sociétés de détail soient les actionnaires et les clients?) — Motifs de la préférence donnée à tel ou tel système.

Conditions et mode de payement des achats. — Crédit. — Escompte.

Contrôle des achats au point de vue de la quantité, — de la qualité. — Organisation et fonctionnement de ce contrôle.

Existences en magasin. — Valeur en argent de ces approvisionnements. — Règle suivie pour en fixer l'importance. — Proportion par rapport au montant des ventes annuelles.

115. Ventes. — La Société vend-elle à tout venant, — aux seuls associés? — Nature spéciale de sa clientèle.

Montant des ventes. (Total; — moyenne par vente; — moyenne par client.)

Système des ventes (au prix coûtant; — au prix du cours pratiqué par les marchands de la localité, en gros; — en détail; — à un prix intermédiaire. — Lequel et sur quelles bases?) — Motifs et résultats du système adopté.

Condition des ventes (au comptant; — à terme. — Quel terme? — sur crédits spéciaux.) — Limites du crédit. — Lesquelles? — Le payement s'opère-t-il en argent à chaque achat? — par des jetons achetés d'avance? — Inscrit-on les ventes sur un carnet réglé à époques fixes? — Le patron se charge-t-il d'en prélever le montant sur les salaires? — Motifs et résultats du système préféré.

Limite-t-on les quantités livrées par achat? (notamment pour le vin). — Taux et motifs de ces limitations.

Rendement de chaque nature de vente (par 100 francs de vente). — Quelles sont les marchandises les plus avantageuses à vendre?

Contrôle des ventes. — Inscriptions journalières des opérations de la Société (par marchandises; — par client. — Comptes-matières). — des opérations de chaque acheteur. (Carnet individuel. — Fiche emportée par le client ou jetée par lui après l'achat dans une boîte fermant à clef.) — Moyens employés pour obtenir et vérifier la concordance entre les inscriptions de la Société et les comptes individuels.

116. Installation de la Société. — Décrire cette installation. — A quel titre est occupé le magasin? (Propriété. — Location. — Dans ce dernier cas, conditions du bail.)

Dépenses d'installation. — Matériel. — La Société amortit-elle ces frais? — Comment et à quel taux? — Charge annuelle de l'installation et du magasin. — L'immeuble et le matériel sont-ils assurés contre l'incendie? — Quelle prime est payée à cet effet?

117. Service des magasins. — Conditions d'ouverture aux clients. (Tous les jours et toute la journée; — ou seulement à certains jours et à certaines heures. — Lesquels?)

Les ventes sont-elles faites par un gérant salarié? (Rémunération fixe, — ou proportionnelle aux ventes, aux bénéfices?) — Ont-elles lieu autrement? — Par qui et à quelles conditions?

Dispositions prises pour le contrôle de la caisse.

118. Comptabilité. — Bilan. — Durée et définition de l'exercice. — Quand et par qui l'inventaire est-il fait? — Les actionnaires prennent-ils part à cet inventaire? — au contrôle de la caisse? — Sous quelle forme?

Mode d'établissement du bilan annuel; — du compte des profits et pertes; — des bénéfices nets. — Détail des frais généraux.

Produire, pour le premier et le dernier exercice (1887), un exemplaire du bilan annuel, — du compte des profits et pertes, — de celui des frais généraux.

119. Répartition des bénéfices nets. — Situation financière. — Bases de cette répartition (au prorata des achats; — du capital; — du capital et des achats; — dans quelle proportion?). — La part de chaque associé lui est-elle payée en une ou plusieurs fois? simplement inscrite à son compte pour libérer graduellement ses actions, ou pour tous autres placements? — Lesquels?

Avant toute distribution aux ayants droit, affecte-t-on une part des bénéfices nets à certains emplois? (Réserve statutaire. — Réserves spéciales. — Amortissements. — Secours. — Retraites.)

Définir pour chacun de ces emplois le taux et la quotité de l'attribution.

Quel emploi la Société fait-elle des fonds libres dont elle dispose?

Produire, pour le plus grand nombre possible d'années et au moins pour le premier et le dernier exercice (1887), les documents statistiques les plus détaillés.

(Nombre des associés. — Capital versé. — Emprunts. — Chiffre des ventes. — Bénéfices bruts. — Frais généraux. — Bénéfices nets. — Total par tête. — Totaux par 100 francs d'achat. — Amortissements. — Réserves. — Allocations à diverses œuvres. — Part moyenne de bénéfice touchée par associé. — Proportion de ce dividende par rapport à la mise; — par rapport au montant des achats. — Montant moyen des dépôts par membre. — Intérêt servi à ces dépôts.)

Établir, pour le premier et le dernier exercice (1887), un tableau comparé des prix d'achat et de vente de toutes les marchandises vendues par la Société. — (Donner ces prix année par année depuis l'origine pour les marchandises les plus importantes.)

120. Faits notables de l'histoire de la Société.

Indiquer les principaux faits de l'existence de la Société. — A-t-elle traversé des moments difficiles? — Quels ont été ses adversaires les plus dangereux? — Rôle et attitude des petits et des gros commerçants de la localité vis-à-vis de la Société? — Motifs de l'opposition qu'elle a pu rencontrer? — Comment et avec quels concours en a-t-elle triomphé?

A-t-elle eu à soutenir des procès devant les tribunaux civils ou administratifs, soit avec quelques-uns de ses membres ou de ses fournisseurs, soit avec les compagnies de chemins de fer, ou les administrations financières à propos des transports, patentes, licences, droits de circulation, de débit, impôts divers, contraventions, etc.? — Circonstances, frais et résultats de ces procès. — Si la Société a pu conjurer sans procès les embarras avec lesquels elle a été aux prises, à quelles influences a-t-elle dû cette solution?

Quelle est aujourd'hui sa situation vis-à-vis de ses adversaires du début, du commerce local, des consommateurs non adhérents, des patrons, des autorités, des actionnaires eux-mêmes?

121. Résultats matériels et moraux de l'institution. — Fondations de la Société. (Bibliothèque; — conférences; — cours; — écoles; — caisse de secours; — de retraites, etc.)

Détails sur ces diverses fondations.

La Société a-t-elle des rapports avec d'autres institutions? (Sociétés de secours mutuels; — caisses de retraite; — banques populaires; — chambres syndicales, etc.) — Si elle est liée d'une façon plus ou moins directe à un établissement industriel qui ait subi des grèves, quelle a été l'action de la Société sur l'origine de ces grèves, leur développement, leur cessation?

La Société fait-elle de la publicité : pour recruter des adhérents? — Laquelle? — pour propager l'idée coopérative? (Presse; — réunions; — conférences). — Prend-elle part aux congrès des sociétés coopératives? — Quels résultats en a-t-elle obtenus ou s'en promet-elle?

Est-elle affiliée à un groupement coopératif? (Fédérations françaises. — Union générale des sociétés coopératives allemandes, anglaises. — *Central cooperative board.*) — Organisation de ce groupement. — Ses ressources. — Ses attributions. — Son rôle. — Ses services.

Les membres s'intéressent-ils à la direction de la Société? — Comment apprécient-ils et appliquent-ils l'obligation du payement comptant? — Quel emploi donnent-ils au bénéfice net distribué en fin d'exercice?

Caisse de prêts aux sociétaires momentanément embarrassés. — Son organisation. (Est-elle distincte de la Société?) — Ses ressources. — Conditions des prêts. — Montant des opérations. (Prêts; — remboursements; — pertes.) — Résultats.

La Société a-t-elle favorisé l'épargne? — Reçoit-elle en dépôt les épargnes de ses membres? (Taux de l'intérêt servi à ces dépôts. — Leur limite.) — Si elle ne reçoit pas ces épargnes en dépôt, en facilite-t-elle le placement? — Comment? — Importance moyenne des épargnes réalisées et déposées par an et par tête. — Quel est leur emploi le plus fréquent? (Les a-t-on appliquées à la construction des maisons appartenant aux actionnaires?)

Action exercée par la Société sur le cours des denrées dans la localité et sur les exigences des débitants.

Action exercée sur les membres eux-mêmes de la Société (en ce qui concerne : l'union entre eux; — l'intelligence plus exacte du rôle du capital et du principe d'association; — la régularité de l'existence; — les habitudes d'épargne; — l'abandon du cabaret; — l'amélioration de la situation matérielle et morale de la famille).

II. — SOCIÉTÉS COOPERATIVES D'ALIMENTATION. RESTAURANTS COOPÉRATIFS.

On répondra d'abord aux généralités du chapitre précédent, puis aux questions ci-après, qui visent les sociétés distribuant des aliments préparés.

122. Fonctionnement de la Société.

Nature des aliments. (Portions solides; — liquides. — Prix de vente par portion.) — Sont-ils consommés sur place; — emportés? (L'option est-elle laissée au client?) — Sont-ils vendus au public ou réservés aux seuls associés?

Mode de payement (en espèces, — avec des jetons, — des cartes).

123. Restaurants coopératifs. — La Société a-t-elle un ou plusieurs restaurants?

Installation, organisation et service. (Frais de premier établissement, de matériel, de location.) — Personnel de surveillance et de service. — Ses appointements. (Les consommateurs se servent-ils eux-mêmes au guichet? — Mangent-ils assis ou debout?)

Confection des aliments. (A-t-elle lieu dans chaque restaurant ou dans une cuisine centrale pour tous les restaurants de la Société?) — Mode de préparation. (Bois, — houille, — vapeur directe, — bain-marie. — Type de fourneau. — Prix du charbon, — du gaz, — de l'eau?)

Système des achats et des approvisionnements. — La Société a-t-elle adhéré à l'union générale des Sociétés de consommation de Paris et de Lyon. — Y fait-elle des achats? — Lesquels? — Y trouve-t-elle avantage? — Organisation du contrôle des achats et des existences en magasins.

Nombre des personnes pouvant prendre leur repas en même temps. — Nombre des tables successives. — Durée moyenne et heures des repas. — Nombre des personnes traitées (par an, — maximum et moyenne par jour). — Recettes totales (par an, — par jour, — par tête et par repas). — Nombre des portions vendues par an. — Prix moyen par portion. — Rationne-t-on le vin? — Sert-on des liqueurs? — du café?

Menu des repas correspondant à la dépense moyenne. — Comparaison entre cette dépense au restaurant coopératif et celle d'un repas analogue dans un restaurant ordinaire de la localité pour la même clientèle.

Outre les clients au cachet, a-t-on des pensionnaires à la journée, — au mois? — A quelles conditions? — Porte-t-on des repas au dehors? — à des agglomérations d'ouvriers? (Système de Grenoble et de Zurich).

124. Résultats moraux et financiers de l'institution. — Effets produits sur les prix des restaurants non coopératifs, — leur fréquentation; — les habitudes de sobriété et d'épargne des membres de la Société.

Dépenses. — Recettes. — Frais généraux. — Bénéfices nets. (Chiffres annuels depuis l'origine; — moyenne par jour.) — Affectation des bénéfices.

En quoi la Société se distingue-t-elle des sociétés purement philanthropiques? (telles que celles qui fondent des fourneaux économiques et autres institutions analogues?) — Est-elle soutenue par des personnes qui n'utilisent pas ses services? — Subventions de la commune — des particuliers. — Formes de ces subventions. (Loyer gratuit; — allocations annuelles; — service gratuit de la comptabilité ou du contrôle; — versements des membres honoraires, etc.)

Budget annuel de l'institution. — Sa situation actuelle: — Son avenir.

III. — BOULANGERIES COOPÉRATIVES.

Répondre d'abord aux questions générales du chapitre I, puis aux questions particulières ci-après.

125. Fabrication du pain. — Outillage. — Système de four adopté. Sa puissance de production. — Ses frais d'établissement et d'entretien. — Régularité et uniformité de sa température. — Comment le chauffe-t-on? (Bois, houille, coke.)

Système de panification à bras; — au pétrin mécanique. (Dans ce dernier cas, appareil employé. — Rendement. — Dépenses. — Force motrice consommée. — Moteur.)

Matières premières. (Farine, levain, fleurage.) — Provenances. — Prix. Mode et conditions des achats. — Leur importance annuelle.

Main-d'œuvre. (Tableau du personnel avec ses salaires. — Accessoires du salaire.)

Production. (Par 24 heures, — par an.) — Rendement en pain par 100 kilogrammes de farine. — Fabrique-t-on plusieurs sortes de pain? — Lesquelles? (Pain de ménage; — de fantaisie. — Pain de 1 livre, 2 livres, 4 livres. — Pains longs. — Couronnes.)

Prix de revient du kilogramme de pain. (En donner le détail : matières premières; — chauffage; — main-d'œuvre; — entretien de l'outillage; — location de la boutique; — livraisons; — frais généraux et d'administration.)

126. Vente. — Clientèle de la boulangerie (Quelle est sa composition? — Comprend-elle exclusivement les sociétaires?)

Livraisons. (A la boutique; — à domicile. — Porte-t-on le pain à bras; — en voiture?)

Vente. — A-t-elle lieu : au poids, à la pièce? — Au comptant, à crédit? (Dans le cas de crédit, les règlements ont-il lieu par semaine, par quinzaine, par mois? — Le crédit est-il limité?) — Système d'inscription des pains livrés à crédit. (Taille double; — carnets.) — Heures et jours de la vente.

Prix de vente. — Bases qui servent à le fixer. — Comparaison avec les prix analogues des autres boulangeries.

Nombre de kilogrammes de pain vendus. (Par an, par tête d'acheteur.)

127. Résultats. — Chiffre d'affaires. — Résultats financiers. — Bénéfices réalisés (par an, — par tête de consommateur). — Emploi des bénéfices. — Dividendes. — Réserves. — Dotation d'institutions spéciales. — Lesquelles?

Donner ces résultats année par année depuis l'origine.

Action exercée sur les prix des autres boulangeries; — sur leur clientèle; — sur l'épargne du ménage.

IV. — ÉCONOMATS.

128. Organisation. — Origine et histoire de l'institution. — Ses phases diverses. — Qui l'a fondée et qui la fait vivre? — Motifs et but de la fondation.

Direction. (Directeur; — Comité.) — Nomination; — attributions; — responsabilité. — Personnel d'administration et de service. — Ses appointements. — Les clients de l'économat participent-ils à sa gestion d'une manière quelconque?

Son objet. — Nature de ses opérations. (Vente de denrées, de vêtements, de meubles, etc. — Restaurant.) — Sont-elles limitées au personnel de l'établissement fondateur? — Comprennent-elles plusieurs divisions? — Lesquelles?

S'il y a un restaurant, répondre aux questions du chapitre II ci-dessus (§§ 122 à 124).

129. Installation et fonctionnement. — Installation de l'économat. (Siège social, bureaux, magasins.) — Capital engagé dans les dépenses de premier établissement, — de matériel, — d'approvisionnements. — Constitution de ce capital. — Sa rémunération. (Intérêt. — Amortissement; — taux et durée.)

Description des locaux. (Ateliers, magasins, dépôts.) — Frais de location. — Baux.

Charges fiscales annuelles. (Patentes; droits de débit de circulation, etc.)

Système des achats. — Source des approvisionnements. — Leur importance. — Leur gardiennage et leur contrôle. — Leur payement.

Mode de vente. — Clientèle de l'économat. (Est-elle spéciale à un établissement, à une société, à une profession, à un quartier, à une localité?) — La vente se fait-elle au comptant; — à crédit? (Termes du crédit. — Ses conditions. — Sa limitation. — Retenue d'office sur les salaires, ou mensualités libres. — Dans ce dernier cas, montant des dettes et des pertes par crédit.) — Contrôle des ventes et des comptes individuels.

Facilités données aux clients pour les achats et les livraisons. (Transports gratuits ou à prix réduits; — permis de circulation.)

Prix de vente. (Sont-ils fixés d'après le prix de revient; — d'après les cours du commerce local de gros, de détail? — Les clients touchent-ils immédiatement leur bénéfice sous forme d'amélioration de qualité et de baisse de prix, ou, en fin d'exercice, sous forme de dividendes?)

Les prix laissent-ils un bénéfice définitivement acquis à l'administration de l'économat? — Sa proportion par rapport au capital engagé; — au chiffre d'affaires. — Quel en est l'emploi? (S'il alimente des institutions de prévoyance, les décrire. — En outre de ces dotations, reçoivent-elles les versements spontanés des ouvriers?)

En cas de pertes, sont-elles accidentelles ou normales? — Quelle en est la cause et le but? — Qui les supporte en dernière analyse?

130. Résultats moraux et financiers. — Statistique des opérations de l'économat.

Donner, pour chaque année depuis l'origine, le chiffre des ventes total, et le détail pour les principaux articles (en quantité et en argent), le nombre des clients, le montant mensuel des achats par tête et sa proportion au salaire moyen.

Budget. — Recettes et dépenses par chapitre. (Les frais de location, l'intérêt et l'amortissement du capital engagé figurent-ils dans les dépenses annuelles?) — Résultat net. — Ressources propres de l'institution. — Sacrifices de l'établissement ou de l'association qui la subventionne ou la dirige.

Comparaison entre les prix de vente de l'économat et ceux des fournisseurs locaux. — Bénéfice annuel moyen qu'il procure à chaque famille de sa clientèle.

Donne-t-il lieu à des exagérations de consommations par de trop grandes facilités de crédit; — à des récriminations lors de la paie à cause des retenues sur les salaires? — Est-il populaire parmi ses clients? — Contribue-t-il à leurs bons rapports avec le patron? — A-t-il développé leurs habitudes d'épargne, — leur bien-être?

Est-il en butte à l'opposition et aux manœuvres du commerce local? — Lesquelles? — A-t-il été l'origine de grèves partielles ou générales? (Les décrire. — Prétextes; — motifs réels. — Détails de la grève; — demandes des ouvriers; — concessions des patrons; — résultat final.)

En face de l'économat, existe-t-il des sociétés coopératives de consommation qui lui disputent sa clientèle? (Histoire et motifs de leur fondation.) — Dans quelle proportion le personnel de l'établissement se partage-t-il entre ces deux institutions? — Leur attitude réciproque. — Est-elle militante ou pacifique? — L'économat se défend-il contre la concurrence des sociétés coopératives, ou s'apprête-t-il à leur céder la place quand elles seront en état de la prendre? — Dans ce cas, quels seraient les motifs de cette transformation et les avantages qu'on s'en promet?

EXPOSITION UNIVERSELLE DE 1889, À PARIS.

DIRECTION GÉNÉRALE DE L'EXPLOITATION.

EXPOSITION D'ÉCONOMIE SOCIALE.

ENQUÊTE.

QUESTIONNAIRE.

SECTION X. — ASSOCIATIONS COOPÉRATIVES DE CRÉDIT.

I. — GÉNÉRALITÉS COMMUNES À TOUTES LES ASSOCIATIONS COOPÉRATIVES DE CRÉDIT.

131 [1]**. Origine, formation et histoire de la Société.** — Histoire et date de cette formation. (Essais antérieurs dans la localité. — Leurs résultats.)

Motifs de la fondation de la Société. (Haut prix de l'argent; — difficulté du crédit.) — Quels ont été ses promoteurs et ses fondateurs? (Situation sociale; — mobiles.) — L'initiative a-t-elle émané de personnes isolées (ouvriers, bourgeois, patrons, personnes étrangères ou non à la localité), ou d'une collectivité (Société de secours mutuels, association syndicale, etc.)?

Principaux faits de l'existence de la Société. — A-t-elle traversé des moments difficiles? — Comment a-t-elle surmonté ses embarras?

132. Objet et forme de la Société. — Nature des opérations de la Société et de la clientèle qu'elle vise. (Société de crédit commercial, — industriel, — immobilier, — agricole. — Banque populaire. — *Loan Society.*)

Les opérations sont-elles limitées à ses seuls actionnaires, ou s'étendent-elles d'une manière quelconque au public?

[1] Le numérotage des paragraphes se poursuivant sans interruption du premier au dernier questionnaire, chacun d'eux se trouve ainsi défini par son numéro matricule, de sorte qu'en tête de la réponse, il suffira d'inscrire ce numéro sans avoir à reproduire ni le titre du paragraphe ni celui de la section.

Parmi les questions du présent questionnaire, chaque déposant se bornera à traiter celles qui le visent personnellement et sur lesquelles il a quelque renseignement de fait à fournir, sans s'occuper des autres.

Il est prié de désigner d'une manière précise et complète en tête de ses réponses le nom, la nature et l'adresse de l'exploitation ou de l'institution qu'il représente avec les fonctions qu'il y remplit, et de joindre à sa déposition tous les documents susceptibles de l'éclairer et de la fortifier, tels que statuts, règlements, comptes rendus, rapports, statistiques, etc.

Forme légale de l'association (au regard de la loi de son pays). — Motifs qui l'ont fait adopter.

Analyse des dispositions caractéristiques des statuts. — Leurs motifs. — Leur modèle. — Comment et par qui ont-ils été préparés? — Ont-ils été faits devant notaire ou sous seing privé? — Ont-ils été dûment enregistrés? — Frais de ces formalités.

Charges fiscales supportées par la Société. — (Donner le détail par impôt.)

133. **Capital.** — Constitution, composition et importance du fonds social. — (Bases qui ont servi à le fixer.) — Capital fixe; — capital variable; — capital actions.

Actions. — (Forme; — nombre; — valeur.) — Leur mode de libération (en bloc; — par cotisations hebdomadaires, ou mensuelles). — Pénalité en cas de retard (amendes; — déchéance.) — Existe-t-il des parts de fondateur, — des actions de jouissance? — Le nombre des actions par actionnaire est-il limité? (Taux et motifs de la limitation.) — Nombre total des porteurs d'actions. — Nombre moyen d'actions par tête. — Le fonds social est-il la copropriété des actionnaires? (Banques *Schulze-Delitzsch.*) —Est-il perpétuel et inaliénable? (Banques *Raffeisen.*)

Les actionnaires sont-ils solidaires? — Leur responsabilité est-elle illimitée? — Si elle est limitée, comment est fixée cette limite? — (Est-ce d'après la mise, — d'après une autre règle, — laquelle?) — Motifs et résultats du système adopté.

Mode de rémunération des actions. (Partage des bénéfices. — Dans quelles proportions?) — Les actionnaires ont-ils renoncé d'avance à tout bénéfice?

Obligations. — (Forme; — nombre; — valeur; — mode et objet de l'émission. — Conditions de remboursement. — Intérêts. — Échéance et montant des coupons.) — Ont-elles été exclusivement réservées aux actionnaires?

Emprunts en dehors des obligations. — Ces emprunts ont-ils été contractés auprès d'une banque populaire; — d'une banque centrale coopérative, d'une banque ordinaire? — Leur objet. — Taux de l'intérêt et des accessoires. — Durée du crédit. — Conditions du remboursement. — Gages. (La Société a-t-elle contracté des hypothèques? — Quelles en sont la nature et l'importance?)

Capitaux en compte courant. — Dépôts. (La Société reçoit-elle à ce titre les capitaux de ses membres; — ceux du public? — Dispositions prises pour provoquer ces dépôts et par là favoriser l'épargne.) — Taux de l'intérêt servi aux déposants. — Conditions et formalités de retrait. — Moyenne de la durée et du montant des dépôts. — Emploi des capitaux en provenant.

Fonds de réserve. — Sa formation; — son importance; — son emploi; — sa destination. — Les démissionnaires ou les héritiers des membres décédés y ont-ils droit? — à qui appartiendrait-il en cas de dissolution de la Société?

Augmentations du capital. (Mode prévu pour ces augmentations.)

Indiquer celles qui ont eu lieu, leur importance, leur date, leur objet.

En cas de dissolution, responsabilité et garantie des actionnaires.

134. Nombre et situation des associés. — Distingue-t-on les associés en plusieurs catégories? (Membres fondateurs, honoraires, actifs, etc.) — Leurs obligations et leurs droits respectifs. — Outre le payement de l'action, ont-ils à supporter un droit d'entrée? — Lequel? — Nombre des associés, dressé par catégorie et d'après leur situation sociale (Petits industriels, — artisans, — boutiquiers, — ouvriers, — petits propriétaires, — paysans, — employés, — rentiers.)

Fournir ce nombre ainsi décomposé, année par année, depuis la fondation, en présentant, autant que possible, ce tableau sous la forme graphique.

Conditions d'admission. — Recrutement des nouveaux membres. — Moyens pris pour l'assurer. — Clauses et cas de radiation ou de déchéance. — (Leur application en fait.) — Droits et obligations des actionnaires.

135. Gestion de la Société. — Organisation des pouvoirs. — Conseil d'administration. (Sa composition.) — Bureau. — Gérant ou directeur. — Commission des comptes. — Conseil de quartier.

Mode de nomination de ces pouvoirs. — Nomination. — Attributions. — Rémunération ou gratuité. — Durée statutaire du mandat. — Son renouvellement. — Rééligibilité. — (*Indiquer la durée effective des fonctions des principaux organes de la Société, notamment du directeur et du gérant.*) — Conditions de révocation. (Ont-elles été appliquées?)

Présenter le tableau du personnel dirigeant avec la rémunération de chacun de ses membres.

Le personnel actif en sous-ordre est-il recruté parmi les associés ou en dehors d'eux? — Son concours est-il gratuit ou rémunéré? (sa rémunération est-elle fixe? — A-t-elle le caractère d'un intérêt, — d'une participation aux bénéfices; — d'une prime proportionnelle au chiffre d'affaires, au montant des ventes? — *Donner la formule de ces divers modes.*)

Intervention individuelle des actionnaires dans la gestion. (Y prennent-ils part à tour de rôle, et comment? — Sont-ils tous successivement appelés à la contrôler?)

Assemblées générales des actionnaires. — (Époques et conditions de convocation, — de validité, des assemblées ordinaires, — extraordinaires. — Constitution. — Pouvoirs, — délibérations et décisions de ces assemblées. — Part qu'elles prennent à la gestion de la Société.) — Publicité donnée aux actes sociaux.

136. Opérations de la Société. — Nature de ces opérations. — Avances; — escomptes; — prêts.

Clientèle de la Société. (Est-elle uniquement formée d'associés? — Comprend-elle des personnes étrangères à la Société? — Se recrute-t-elle dans une seule profession? — dans plusieurs professions? — Lesquelles.)

Nature et condition des prêts ou avances. — Instruction des demandes. — Conseil d'escompte ou de quartier. — Maximum des prêts. (Ce maximum est-il fixe? — Est-il proportionnel à la mise de l'associé, — à ses dépôts en compte courant, — à la confiance qu'il inspire, — à l'importance du fonds social, — à la destination du prêt? — *Prêts de consommation ou de production.*) — Minimum des prêts. — Montant moyen des prêts. — Garanties exigées du prêteur. (Caution; — dépôt de valeurs; — hypothèques.) — Durée maximum du crédit. — Renouvellement des billets. — La Société a-t-elle des capitaux immobilisés dans des opérations à longue échéance? — Durée moyenne des prêts. — Poursuites dans le cas d'effets en souffrance. (Procédure et frais.)

Taux de l'intérêt ou de l'escompte, y compris les accessoires. — Comparaison de ce taux avec celui des emprunts de la Société; — avec celui du crédit que pouvaient se procurer les clients de la Société avant sa fondation ou en dehors d'elle.

Importance totale des prêts par an. — Son rapport au fonds social.

137. Installation de la Société. — Décrire cette installation. — La Société est-elle locataire ou propriétaire du local qu'elle occupe? — Conditions du bail. — Où se tiennent les réunions du conseil? — de l'assemblée générale.

Dépenses d'installation. — Matériel. — Frais annuels.

138. Comptabilité. — Bilan. — Durée et définition de l'exercice. — Quand et par qui l'inventaire est-il fait? — Les actionnaires prennent-ils part à cet inventaire? — au contrôle de la caisse? — sous quelle forme?

Organisation et fonctionnement du contrôle des opérations, — des écritures, — de la valeur des créances, — de la caisse.

Mode d'établissement du bilan annuel, du compte des profits et pertes, de celui des frais généraux.

Produire pour le premier et le dernier exercice (1887) un exemplaire de ces divers comptes.

139. Répartition des bénéfices nets. — Bases de cette répartition. (La part revenant à chaque associé lui est-elle payée en une ou plusieurs fois? — Simplement inscrite à son compte, pour libérer graduellement ses actions, ou pour tous autres placements? — Lesquels?)

Avant toute distribution aux ayants droit, affecte-t-on une part des bénéfices nets à certains emplois? (Réserve statutaire. — Réserves spéciales. — Amortissements. — Secours, etc. *Définir pour chacun de ces emplois le taux et la quotité de l'attribution.*)

140. Situation financière.

Produire, pour le plus grand nombre possible d'années et au moins pour le premier et le dernier exercice (1887), les documents statistiques les plus détaillés. (Nombre des associés. — Capital versé. — Emprunts. — Dépôts. — Chiffre des affaires. — Frais généraux. — Pertes. — Bénéfices nets totaux et par rapport au fonds social. — Amortissement. — Réserves. — Allocations à diverses œuvres. — Part moyenne de bénéfice distribué: par associé, — par 100 francs versés sur les actions.)

141. Rapports de la Société avec d'autres institutions. — La Société escompte-t-elle son papier à des banques populaires, ou accepte-t-elle leur papier? — Recourt-elle au crédit d'une banque centrale? — à quelles conditions? — Reçoit-elle des subventions de l'État? — Lesquelles et sous quelles formes?

Est-elle affiliée à une agence centrale ou à un groupement coopératif? (Union générale des associations coopératives allemandes et anglaises. — *Central cooperative board.* — Organisation de ce groupement. — Ses ressources. — Ses attributions. — Son rôle. — Ses services.) — Lui envoie-t-elle ses comptes rendus? — Prend-elle part aux congrès des sociétés coopératives? — Quels résultats en a-t-elle obtenus ou s'en promet-elle?

A-t-elle des rapports avec une société de secours mutuels, — une association professionnelle, — une chambre syndicale? — Nature de ces rapports (communauté d'origine; — du personnel; — dotation). — Prête-t-elle son appui à des sociétés coopératives de production ou de consommation; — à des syndicats agricoles? — Dans quelle forme et à quelles conditions?

Fondations de la Société. (Bibliothèque; — conférences; — cours; — écoles; — cercle; — caisse de secours; — de retraite, etc.). *Détails sur ces diverses fondations.*

La Société fait-elle de la publicité pour recruter des adhérents? — Laquelle? — Pour propager l'idée coopérative? (Presse; — réunions; — conférences.)

Sa situation vis-à-vis des autorités locales, — du public, — des capitalistes, — de ses adhérents. — Son avenir.

142. Résultats matériels et moraux. — Les membres s'intéressent-ils à la direction de la Société? — Quel emploi donnent-ils au bénéfice net distribué en fin d'exercice?

La Société a-t-elle favorisé le développement des affaires de ses clients? — soutenu la petite industrie et la petite culture? — permis à des ouvriers de s'établir? — à des artisans ou à des agriculteurs de se procurer des machines, un matériel perfectionné, d'avoir à meilleur compte leurs matières premières, de mieux vendre leurs produits, d'échapper aux exigences des banquiers et des fournisseurs?

Action exercée par la Société sur le cours des capitaux dans la localité, — sur ses membres eux-mêmes en ce qui concerne l'union entre eux, l'intelligence plus exacte du rôle du capital et du principe d'association; — les habitudes d'épargne; — la lutte contre la concurrence; — l'accès au patronat; — le succès professionnel; — l'amélioration de la situation matérielle et morale de la famille.

II. — PARTICULARITÉS CONCERNANT CERTAINES INSTITUTIONS DE CRÉDIT COOPÉRATIF.

On répondra d'abord aux généralités du chapitre précédent, puis aux questions ci-après, qui visent spécialement certaines institutions déterminées.

143. Caisses centrales. — Nature, objet et organisation de l'institution. (*Caisse centrale du travail. — Crédit au travail. — Caisse d'escompte des sociétés coopératives. — Union de crédit. — Banque centrale. — Legs Rampal*, etc.)

Assistance prêtée aux sociétés coopératives de crédit, de production, ou de consommation. (Escompte de leur papier; — prêts directs; — avances; — cautionnement.) — Mode et condition de cette assistance. (Taux de l'intérêt avec les accessoires. — Durée et limite du crédit.) — Cercle de son action. — (Sociétés de la localité; — du district; — du pays.)

Statistique des opérations de la caisse. — Sa situation financière. — Désignation et situation des sociétés qu'elle a assistées. — Services rendus par elle à l'essor des sociétés coopératives. — Son avenir.

144. Sociétés d'un type particulier. — (Types des banques *Schulze-Delitzsch, Raffeisen, Wollenborg, Vigano, P. Ludovic, Loan-Societies*, etc.)

Sociétés pour l'achat en commun des matières premières, — des machines industrielles; — des machines à coudre.

Syndicats agricoles pour l'achat en commun d'instruments, — d'engrais, — de semences. — Organisation de ces syndicats. — Leurs règlements. — Cercle de leur action (commune; — canton; — département). — Système de la responsabilité personnelle, ou de la solidarité collective pour les achats en commun. (Motifs du système. — Les résultats sur les conditions obtenues des fournisseurs.) — Importance des opérations du syndicat. — Services rendus à l'agriculture.

Sociétés de crédit agricole. — Leur organisation (sont-elles locales ou régionales?) — Conditions et durée des prêts. — Gages. — Taux d'intérêt avec les accessoires. — Garanties de crédit personnelles ou réelles. (Cautions, — hypothèques.) — Effets de commerce souscrits par les agriculteurs. — Conditions de l'escompte de ces effets. — Résultats obtenus par ces sociétés pour leurs actionnaires; — pour leurs clients.

Sociétés pour la vente en commun des produits fabriqués. (Ces produits sont-ils signés du producteur, ou anonymes? — Motifs du système.) — Organisation. (Magasins sociaux. — Comité des *taxateurs*. — Prélèvement sur le produit de la vente. — Bureau des commandes. — Dépôt des modèles. — Caves ou chaix coopératifs. — Bazar pour la vente des travaux des femmes du monde dans le besoin, etc.)

Monts-de-piété. — Taux, durée, et maximum des prêts. — Trafic des reconnaissances. — Commissionnaires. — Agences. — Frais de renouvellement. — Vente des objets non réclamés. — Montant des opérations classées par ordre d'importance. — Résultats.

Donner pour chacun de ces types les détails qui le caractérisent; — la nature et l'emploi de ses ressources; — l'organisation des pouvoirs; — du contrôle; — ses rapports au dedans et au dehors (actionnaires, — clients, — institutions coopératives ou non, — autorités locales, — administrations publiques, etc.); — leurs résultats financiers et moraux.

145. Prêts d'honneur. — Histoire de cette institution. — De quelle initiative émane-t-elle? (Sociétés, — fondateurs. — Lesquels?)

Conditions de ces prêts. (Durée; — taux d'intérêt; — garantie par l'assurance viagère, etc.) — Choix de la clientèle. — Appréciation de ses garanties morales. — Est-elle professionnelle? (Prêts à des personnes adonnées aux professions libérales, savants, artistes, etc., à des artisans, à des ouvriers, sous la foi de la parole d'honneur, ou la caution de leur avenir). — Sociétés amicales d'anciens élèves d'une même école; — prêts mutuels.

Caisses pour aider au mariage. — Nature du concours qu'elles prêtent (mobilier, instruments, terres.) — Clientèle (ouvriers; — paysans.) — Garanties.

Organisation financière de l'institution. — Ressources. — Gestion. — Les fonctions d'administrateurs sont-elles gratuites?

Résultats matériels et moraux. — Importance des opérations. — Nombre des prêts; — leur montant : total, — moyen. — Situation sociale et profession des emprunteurs. — Durée moyenne de remboursement. — Pertes pour prêts non remboursés (totales; — par 100 francs de capital prêté). — Services rendus. (*Citer des exemples.*) — Avenir de l'institution.

146. Intervention de l'État. — Divers modes d'intervention de l'État (fiscale; — administrative; — financière.)

Intervention fiscale. — Impôts de différentes natures supportés par la Société. — *Les énumérer et en chiffrer le montant.* — Ont-ils donné lieu à des contestations, — à des procès? — Quelle en a été l'issue?

Intervention administrative. — L'État soumet-il la Société coopérative de crédit à des formalités spéciales : à un contrôle, — à un enregistrement, — au dépôt d'un compte rendu?

Intervention financière. — L'État accorde-t-il une subvention directe ou indirecte à la Société? — Laquelle et sous quelle forme et à quelles conditions? (Banques *Raffeisen.*) — Institutions de crédit central émanant de l'intervention de l'État. (*Caisse d'escompte des sociétés coopératives.*) — Avances de l'État aux associations ouvrières de production. (Conditions des prêts, — délais de remboursement. — Statistique des opérations. — Nombre des sociétés assistées. — Leur situation. — Montant moyen du prêt. — Pertes pour avances non remboursées. — Services rendus.) — Autres formes d'interventions financières. (Détaxes. — Dispense de cautionnement pour les sociétés ouvrières coopérant aux travaux publics. — Abréviations des formalités de payement, etc.)

EXPOSITION UNIVERSELLE DE 1889, À PARIS.

DIRECTION GÉNÉRALE DE L'EXPLOITATION.

EXPOSITION D'ÉCONOMIE SOCIALE.

ENQUÊTE.

QUESTIONNAIRE.

SECTION XI. — HABITATIONS OUVRIÈRES.

NOTA. — *Un emplacement devant être réservé pour édifier dans le périmètre de l'Exposition des modèles d'habitations ouvrières, la section XI désirerait vivement que les différents types y fussent représentés. Il serait nécessaire que les sociétés ou les constructeurs, disposés à élever au Champ de Mars des maisons-modèles, fissent connaître leur intention en indiquant la superficie et le temps dont ils auraient besoin pour l'entier achèvement de la maison-type.*

Dans ces maisons de grandeur naturelle, on pourrait exposer, en s'entendant avec le constructeur, des objets appropriés à la clientèle ouvrière par leur qualité ainsi que par leur bas prix, et décorer les murs par des tableaux et des dessins représentant les progrès et les résultats de certaines institutions de prévoyance.

A défaut de la construction elle-même, les personnes ou les sociétés qui ont entrepris l'amélioration des habitations sont priées de s'inscrire pour l'envoi d'un modèle réduit ou tout au moins du plan détaillé des maisons. La section XI recommande ces trois formes réunies ou séparées, en faisant remarquer qu'aucune description ne vaut les reproductions exactes par des modèles en relief ou des dessins.

I. — NATURE ET ORIGINE DES EFFORTS ACCOMPLIS EN VUE D'AMÉLIORER L'HABITATION DES OUVRIERS.

147 [1]. **Société constituée exclusivement par des ouvriers.** — Apportent-ils le capital? Mettent-ils en commun leur travail?

Statuts; combinaisons financières.

Types adoptés.

Nombre de maisons construites. — Nombre de maisons acquises ou en cours d'acquisition.

148. Patron créant des habitations auprès du centre du travail. S'il conserve la propriété, donne-t-il l'habitation pendant la durée du travail; — la loue-t-il par baux verbaux? — Taux du loyer.

Cherche-t-il à rendre l'ouvrier propriétaire? — *Exposer les combinaisons adoptées.*

149. Société se proposant pour but la création de logements salubres et économiques. — Origine et développement de la Société. — Statuts; combinaisons financières (Fonds social. — Recours au crédit. — Hypothèques.)

Type de construction adopté.

Localités choisies : centre ou environs de la ville.

Nombre de maisons construites.

Système de location ou de vente.

Nombre de logements loués; nombre de maisons vendues ou en cours de vente.

Résultats financiers : intérêt des capitaux.

[1] Le numérotage des paragraphes se poursuivant sans interruption du premier au dernier questionnaire, chacun d'eux se trouve ainsi défini par son numéro matricule, de sorte qu'en tête de la réponse, il suffira d'inscrire ce numéro sans avoir à reproduire ni le titre du paragraphe ni celui de la section.

Parmi les questions du présent questionnaire, chaque déposant se bornera à traiter celles qui le visent personnellement et sur lesquelles il a quelque renseignement de fait à fournir, sans s'occuper des autres.

Il est prié de désigner d'une manière précise et complète en tête de ses réponses le nom, la nature et l'adresse de l'exploitation ou de l'institution qu'il représente avec les fonctions qu'il y remplit, et de joindre à sa déposition tous les documents susceptibles de l'éclairer et de la fortifier, tels que statuts, règlements, comptes rendus, rapports, statistiques, etc.

150. Entreprise particulière.

Principe de l'entreprise : amélioration de la situation des ouvriers; — pensée de placement ou spéculation.

Combinaisons adoptées. — Résultats obtenus.

151. Administration publique. — État. — Commune. — Bureau de bienfaisance ou autre service public.

Mentionner ici le détail des combinaisons financières et de leurs résultats; les remises d'impôts, concessions diverses ou autres, avec leur quotité en chiffres absolus et proportionnels.

II. — TYPES DE CONSTRUCTION ET LOYERS.

152. Maisons isolées. — Description : superficie de terrain; prix du terrain; jardin, cour, cave; nombre d'étages; superficie construite; voirie; salubrité; eaux; vidange.

Coût des constructions. (Total : par maison; — par mètre carré.)

153. Maisons collectives. — Description : nombre de pièces; cube d'air; water-closet spécial ou commun; voirie; salubrité; eaux; vidanges.

Coût des constructions : par mètre superficiel; — par logement.

154. Taux des locations. — Prix du loyer. — Charges accessoires.

Combinaison du loyer et de l'amortissement, en vue de l'acquisition des maisons isolées.

Taux du loyer par rapport au cours habituel des loyers de la ville pour les logements de même catégorie.

155. Mode de payement des loyers. — Versement trimestriel. — Versement mensuel. — Versement hebdomadaire.

Retenue sur les salaires.

Caisses d'épargne en vue d'assurer le payement des loyers (Œuvre des loyers).

Retards du payement; délais accordés; frais de poursuite; expulsions. — Statistique.

III. — RÉSULTATS.

156. Résultats matériels de l'amélioration des habitations. — Influence exercée par les habitations économiques sur le prix des logements environnants.

Succès de l'entreprise : ses causes générales.

Échec : exposer avec précision ses causes et ses circonstances.

157. Résultats moraux. — Recrutement des locataires. — Répugnance ou attrait de l'ouvrier pour les nouveaux logements. (Énoncer les préjugés et par quels moyens ils ont été combattus.)

Attachement à la demeure de famille.

Fixité plus grande des ouvriers. — Tempérance. — Épargne.

Tenue de l'immeuble : surveillance; syndicat des locataires.

Maisons acquises par l'occupant. — Abus possibles : sous-location; encombrement; hypothèque; expropriation; installation de débits de vins ou de maisons suspectes. — Clauses restrictives du bail ou de l'acte de vente. — Conséquences des mutations de propriété.

Faire connaître les personnes qui s'occupent des habitations ouvrières et qui pourraient être consultées utilement.

EXPOSITION UNIVERSELLE DE 1889, À PARIS.

DIRECTION GÉNÉRALE DE L'EXPLOITATION.

EXPOSITION D'ÉCONOMIE SOCIALE.

ENQUÊTE.

QUESTIONNAIRE.

SECTION XII. — CERCLES D'OUVRIERS. — RÉCRÉATIONS ET JEUX.

158 (1). **Définition du cercle ou de la société.** — Nom. — Origine. — Histoire. — Initiative et ressources ayant coopéré à la fondation. — (Subvention de fondateurs ou fondatrices. — Souscription des membres adhérents. — Annexes à des associations professionnelles, ou à des sociétés coopératives.)

Objet et caractère dominant de l'institution. (Réunions, — distractions, — sport, — instruction, — exercices.)

Siège de l'institution. — Sa situation dans la ville, les faubourgs ou la campagne. — Description du local. — Est-il occupé à titre de propriété ou de location (2) ? — Prix de l'immeuble ou montant du loyer.

159. Personnel. — Diverses catégories du personnel. (Membres honoraires ; — membres actifs et participants.)

Effectif de ces diverses catégories par année depuis l'origine.

Composition du personnel. — Les membres font-ils partie d'un même

(1) Le numérotage des paragraphes se poursuivant sans interruption du premier au dernier questionnaire, chacun d'eux se trouve ainsi défini par son numéro matricule, de sorte qu'en tête de la réponse, il suffira d'inscrire ce numéro sans avoir à reproduire ni le titre du paragraphe ni celui de la section.

Parmi les questions du présent questionnaire, chaque déposant se bornera à traiter celles qui le visent personnellement et sur lesquelles il a quelque renseignement de fait à fournir, sans s'occuper des autres.

Il est prié de désigner d'une manière précise et complète en tête de ses réponses le nom, la nature et l'adresse de l'exploitation ou de l'institution qu'il représente avec les fonctions qu'il y remplit, et joindre à sa déposition tous les documents susceptibles de l'éclairer et de la fortifier, tels que statuts, règlements, comptes rendus, rapports, statistiques, etc.

(2) Il sera bon de joindre à la déposition un dessin, un plan ou une photographie complétant la description de l'immeuble.

établissement industriel et commercial, — d'une même profession? — Sont-ils de même condition sociale (ouvriers ou employés) ou de conditions diverses (rentiers, fabricants, commerçants, employés, ouvriers)? — Sont-ils d'un même sexe ou d'un même état civil (jeunes filles, femmes)?

Âge d'admission. (Établit-on pour l'admission une distinction entre les jeunes gens de 15 à 20 ans et les hommes de 20 ans et plus, — entre les jeunes filles et les femmes, si la société admet des personnes du sexe féminin?)

160. Administration. — Organisation administrative du cercle. (Conseil d'administration. — Comité directeur. — Gérance. — Nominations et attributions. — Durée des pouvoirs.)

Statuts et règlements.

161. Organisation financière. — Budget du cercle. Recettes. (Cotisations des membres, taux par catégorie. — Subventions. — Intérêt des capitaux. — Divers.) Dépenses par chapitres. — Excédent ou déficit.

Bilans comparatifs depuis l'origine. (Ou au moins pour la première et la dernière année (1887), et deux années intermédiaires.)

Gestion financière. — Placement des fonds.

162. Consommations et jeux. — Le cercle a-t-il une cantine, — un café, — un restaurant, — un simple buffet? — Taux de ses consommations par rapport au prix du dehors. — Peut-on y coucher temporairement?

Toutes les consommations sont-elles permises? (Salles de rafraîchissements; — Cafés de tempérance.)

Nomenclature des jeux permis et des jeux installés. — Le cercle exige-t-il une rétribution pour ces jeux? — Laquelle?

Les divers âges disposent-ils de salles de jeux spéciales?

Les jeux d'argent et les paris sont-ils autorisés? — Jusqu'à quelle limite? — En cas d'interdiction, peut-on jouer la consommation?

Le cercle se charge-t-il lui-même du service des consommations et des jeux; — l'afferme-t-il à un gérant entrepreneur? — Montant et emploi des bénéfices de ce service.

163. Admission accidentelle des familles de sociétaires et du public. — Les membres de la famille des sociétaires et même le public sont-ils admis dans le cercle à certaines occasions? (Le dimanche, — les jours de représentations théâtrales, de concerts, de conférences, etc.) — A quelles conditions?

164. Cercles et associations diverses d'études et d'instruction mutuelle. — Caractère du cercle. (Social, politique, religieux, commercial, littéraire, scientifique, artistique.)

Règlement pour les discussions politiques ou religieuses. (Sont-elles défendues, — permises, — tolérées?)

Si le cercle possède une bibliothèque, indiquer la provenance de ses livres; — les ressources qui l'alimentent (dons, achats, échanges); le nombre de ses volumes décomposé par catégories d'ouvrages[1]. — Service de la bibliothèque. — Heures d'ouverture. — Formalités pour les prêts. — Statistique des lecteurs sur place, des volumes empruntés (avec le détail par catégories).

Mêmes questions pour des collections, si le cercle en a installé. — Définir exactement leur caractère et leur objet.

Si le cercle a institué des cours ou des conférences, en donner le programme et les résultats. — Les professeurs et les conférenciers sont-ils rétribués ou non? — Sont-ils pris parmi les sociétaires ou en dehors d'eux? — Fréquentation. — Les auditeurs payent-ils une cotisation? — Laquelle? — Subissent-ils des examens? — Reçoivent-ils des prix ou des diplômes?

165. Sociétés de musique, de sport ou autres, créées soit par les cercles ouvriers, soit par l'initiative ouvrière ou patronale.

Sociétés de musique instrumentale ou vocale. — Orphéons. — Méthode suivie (chiffre ou portée).

Sociétés de sport (canotage, — courses, — vélocipèdes, — gymnastique, — escrime, — tir, — exercices militaires, etc.)

Récompenses obtenues dans les divers concours. (*Préciser les circonstances et les dates.*)

Indiquer si ces sociétés comprennent tous les membres du cercle qui les a fondées, ou constituent en dehors de lui des sociétés annexes, avec organisation et ressources distinctes.

166. Musées cantonaux.

Organisation. — Initiative et ressources ayant coopéré à leur création. — Administration, budget. — Composition du musée. (Modèles d'habi-

(1) Joindre un catalogue, s'il est imprimé.

tations rurales démontables, de machines agricoles ou autres; — spécimens d'animaux; collections de produits artificiels ou non, locaux ou coloniaux; — objets artistiques; — échantillons des industries locales; — cartes).

167. Particularités diverses.

Indiquer les particularités qui n'auraient pas trouvé place dans les questions précédentes.

EXPOSITION UNIVERSELLE DE 1889, À PARIS.

DIRECTION GÉNÉRALE DE L'EXPLOITATION.

EXPOSITION D'ÉCONOMIE SOCIALE.

ENQUÊTE.

QUESTIONNAIRE.

SECTION XIII. — HYGIÈNE SOCIALE.

NOTA. — *La section XIII de l'exposition d'Économie sociale est destinée à grouper comme en un tableau d'ensemble les mesures prises par l'État, les intéressés, ou les patrons, en faveur de l'hygiène sociale des classes ouvrières et rurales; mais elle laisse en dehors de son cadre les œuvres d'assistance proprement dites.*

L'action de l'État, qui joue presque partout un grand rôle en cette matière, prend sa source dans des lois et des règlements, se traduit en pratique par une surveillance administrative accompagnée d'une sanction pénale, et se mesure par un ensemble de résultats statistiques. On ne peut songer à demander à chacun des déposants d'une même contrée, pour laquelle cette législation est uniforme, de reproduire tous ces documents et ces résultats. C'est là une étude qui dépasse évidemment la portée du questionnaire individuel et doit, pour chaque pays ou district soumis à une législation spéciale, incomber à la Commission chargée de centraliser les réponses des déposants de ce pays ou de ce district.

On a été ainsi conduit à subdiviser le questionnaire de la section XIII en deux questionnaires distincts : l'un, régional, *qui comprend les mesures prises par l'État et les pouvoirs publics; l'autre,* individuel, *qui s'applique aux mesures émanant de l'initiative privée.*

A. — QUESTIONNAIRE RÉGIONAL [1].

I. — HYGIÈNE GÉNÉRALE.

168 [2]. **Hygiène et protection du premier âge.** — Législation

[1] On entend ici par région un pays tout entier, ou celles de ses subdivisions qui comportent un régime distinct pour la législation ou la réglementation concernant l'hygiène sociale.

[2] Le numérotage des paragraphes se poursuivant sans interruption du premier au

relative à la protection des enfants du premier âge. *(Analyser ses dispositions principales.)* — Jusqu'à quel âge est-elle applicable? — Comprend-elle tous les enfants en nourrice, — en sevrage, — en garde? — A-t-elle action sur l'enfant conservé dans sa famille?

Rôle attribué au médecin par cette législation. — Ses pouvoirs vis-à-vis de l'industrie nourricière. — Surveillance du mode d'élevage. — Efforts pour la suppression de l'alimentation au biberon. — Résultats obtenus. — Récompenses accordées aux médecins, — aux nourrices, — aux gardeuses.

Intervention des pouvoirs locaux.

Influence et efficacité de cette législation. — Est-elle partout appliquée et obéie? — Organisation du service de surveillance. — Sa dotation et ses dépenses. — (Détail de ses ressources suivant leur provenance. — Budget.) — Sanction en cas d'infraction aux règlements.

Statistique spéciale à ce service. — Ses moyens d'action. — Ses constatations. (Fiches individuelles, registres, etc.) — Ses méthodes de calcul [1]. — Leurs garanties d'exactitude. — Résultats statistiques pour les dix dernières années. (Mortalité infantile. — Causes de décès.)

169. Hygiène de l'alimentation. — Falsification des matières alimentaires. — Législation. — Surveillance. — Pouvoirs de l'État et des municipalités. — Sanctions pénales.

Institutions pour la constatation des falsifications soit aux frontières terrestres et maritimes, soit dans les localités. (Laboratoires, — expertise, etc.) — Modes d'inspection. — Statistiques des poursuites et de leurs résultats.

170. Alcoolisme. — Statistique de l'alcoolisme et de ses ravages. — Nombre de cabarets. — Consommation des alcools : totale, — par tête. — Dépenses de cette consommation. — Nombre des suicides, — des cas d'aliénation mentale, etc., dus à l'alcoolisme. (*Donner ces statistiques en remontant aussi haut que possible, et au moins pour les dix dernières années.*)

Production des alcools. (Eaux-de-vie de vins, — de marcs, — de cidres ou poirés, — de fruits, — de grains, — de pommes de terre, — de maïs, — de riz,

dernier questionnaire, chacun d'eux se trouve ainsi défini par son numéro matricule, de sorte qu'en tête de la réponse, il suffira d'inscrire ce numéro sans avoir à reproduire ni le titre du paragraphe ni celui de la section.

[1] La mortalité des enfants pendant la première semaine de leur âge étant de quinze à vingt fois plus forte que dans la dernière semaine de l'année de leur naissance, il importe de constater avec précision l'âge de leur entrée dans le service et celui de leur sortie par retrait ou décès, sous peine de fausser les comparaisons et les résultats.

de betteraves, — de mélasses, etc. — Recherches sur leur puissance toxique.) — Importation. — Consommation classée par provenance et par nature.

Législation et règlementation :

a). Fabrication de l'alcool. — Bouilleurs et distillateurs de profession. — Bouilleurs de cru. — Exercice.

b). Vente en gros; — en détail. — Régime des cabarets. — Leur nombre est-il illimité? — Laissé à l'appréciation des autorités locales? — Fixé d'après la population? — L'ouverture du cabaret exige-t-elle une autorisation préalable? — Une simple déclaration? — Police des cabarets. (Analyser les principales dispositions des règlements.) — Est-elle efficace?

c). Ivresse. — L'ivresse sur la voie publique est-elle réprimée par la loi? — Statistique des poursuites, au moins depuis dix ans.

d). Régime fiscal. (Droits de licence, — de dénaturation, — de circulation, — de consommation, — d'entrée, — de détail, — d'octroi, — de remplacement, — de fabrication, — de douane, — droits sur les manquants, — taxe unique, — *drawbacks*). — Statistique des produits de ces divers droits en totalité et par hectolitre d'alcool pur depuis dix ans. — Système du monopole. (Production, — achat, — vente en gros ou en détail). — Ses résultats.

Mesures prises par l'État ou les pouvoirs locaux contre l'alcoolisme. (Aggravation des taxes; — limitation des cabarets; — réglementation sévère; — contrôle de la pureté des boissons. — Monopole de la vente entre les mains de la municipalité, ou d'une société de bien public. — Système de Gothenbourg, etc.) — Résultats obtenus.

171. Hygiène de l'habitation. — Législation sur les logements insalubres. — Ses dispositions principales. — Son application effective. — Réclamations qu'elle suscite. — Que deviennent les locataires des immeubles condamnés?

Commissions d'hygiène. — Commissions des logements insalubres. — Leur rôle et leurs pouvoirs. — Action des pouvoirs locaux.

Critérium de l'insalubrité. (Mortalité au-dessus d'un certain taux; — épidémies; — plaintes, etc.)

Règlements pour les constructions neuves. (Hauteur des maisons; — dimensions des cours et courettes; — surface couverte et non; — water-closets; — distribution d'eau obligatoire, etc.)

II. — HYGIÈNE PROFESSIONNELLE.

172. Protection de l'enfant. — Législation relative au travail des enfants et des filles mineures employés dans l'industrie. — Établissements auxquels s'applique la loi.

Mode d'inspection. — Nature et nombre des établissements visités par an. — Commissions locales. — Leur rôle et leurs services.

Dispositions principales de la loi. — Âge d'admission des enfants. — Durée du travail quotidien, — hebdomadaire. — Travail de nuit. — Travail du dimanche et jours fériés. — Travail au *demi-temps*. — Travaux souterrains. — Professions ambulantes.

Établissements dans lesquels l'emploi des enfants est interdit.

Instruction primaire. — Connaissances exigées. — Temps réservé à l'école. — Contrôle. — Protection légale des apprentis. — Règlements sur le contrat d'apprentissage.

Statistique des résultats obtenus pour l'application des lois et règlements visés au cours de ce paragraphe.

173. Protection de l'ouvrière. — Législation protégeant les femmes employées dans l'industrie. — Ses dispositions principales. (Durée du travail quotidien, — hebdomadaire. — Travail du dimanche et jours fériés. — Travaux souterrains.)

Protection spéciale pour les femmes en couches. (Interdiction du travail pendant un certain temps après l'accouchement. — Secours.)

Législation sur la recherche de la paternité, — sur la séduction. (Est-elle assimilée à un délit? — La peine est-elle aggravée si le séducteur a autorité sur la fille séduite?) — Régime des enfants abandonnés. (Tour.)

Mesures générales prises par la loi pour assurer la protection et l'hygiène de l'ouvrière dans l'atelier. — Leur efficacité.

174. Protection de l'ouvrier. — Législation en faveur de la santé et de la sécurité des ouvriers.

Durée légale du travail quotidien. — Durée effective.

Précautions contre les accidents de fabrique [1]. — Précautions contre les émanations insalubres, — contre l'emploi des matières dangereuses, — contre le grisou. — Responsabilité en cas d'accidents. — Obligation de la preuve. — Influence de ces précautions. — Statistiques et documents à l'appui.

Assurances légales contre les accidents, — contre les maladies [2].

[1] Voir la section VII. — *Assurances contre les accidents et sur la vie.* — § 85.

[2] Lois allemandes du 15 juin 1883, — 6 juillet 1884.

175. Hygiène de l'atelier et du métier. — Législation relative à la salubrité et à la sécurité des ateliers. — Modes d'intervention des pouvoirs publics à cet effet. — Sanctions pénales.

Nomenclature des établissements insalubres, dangereux et incommodes. — Conséquences du classement dans telle ou telle catégorie au point de vue des prescriptions imposées à l'industriel.

Mortalité ancienne et actuelle des ouvriers dans les industries dangereuses (par suite d'accidents, — de maladies professionnelles). L'action des règlements et de la surveillance administrative a-t-elle atténué cette mortalité? — Dans quelle mesure?

B. — QUESTIONNAIRE INDIVIDUEL[1].

MESURES PRISES PAR L'INITIATIVE PRIVÉE POUR L'HYGIÈNE ET LA PROTECTION DE L'OUVRIER.

176. Hygiène et protection de l'enfant. — Efforts faits par le déposant (individus, chambre syndicale, société industrielle, etc.) en faveur des enfants du premier âge et des enfants employés dans l'industrie.

Crèches; — salles de garde; — sociétés de charité maternelle. — Concours prêté à l'administration pour l'application de la loi sur les enfants du premier âge.

Sociétés de protection des apprentis. — Organisation de l'apprentissage dans l'atelier ou autrement[2]. — Soins pour l'instruction et la moralité de l'apprenti.

177. Hygiène et protection de l'ouvrière. — Mesures prises par le déposant en faveur de ses ouvrières ou des femmes de ses ouvriers.

Secours aux femmes en couches.

Préférence donnée aux jeunes filles et aux veuves, pour laisser la femme mariée au foyer.

[1] Parmi les questions du présent questionnaire, chaque déposant se bornera à traiter celles qui le visent personnellement et sur lesquelles il a quelque renseignement de fait à fournir, sans s'occuper des autres.

Il est prié de désigner d'une manière précise et complète en tête de ses réponses le nom, la nature et l'adresse de l'exploitation ou de l'institution qu'il représente avec les fonctions qu'il y remplit, et de joindre à sa déposition tous les documents susceptibles de l'éclairer et de la fortifier, tels que statuts, règlements, comptes rendus, rapports, statistiques, etc.

[2] Voir la section IV. — *Apprentissage*.

Aménagement du travail industriel, de manière à laisser à la femme mariée le temps de vaquer à ses devoirs de ménagère.

Tenue et décence des ateliers où l'on emploie le travail féminin. (Escaliers et sorties séparés. — Surveillance exercée par la femme du patron.)

Prime à la bonne tenue du ménage. — Écoles ménagères[1].

178. Hygiène et protection de l'ouvrier. — Mesures prises par le déposant en faveur de l'hygiène de son personnel. — Améliorations des habitations ouvrières[2]. — De l'alimentation et du vêtement (Économats; — cantines; — restaurants populaires[3]; réfectoires pour les ouvriers du dehors). Chauffage gratuit. — Bains, lavoirs et piscines (en utilisant la chaleur ordinairement perdue de l'eau de condensation des machines à vapeur).

Attribution de jardins et de petits champs à cultiver par l'ouvrier.

Assainissement de l'atelier. — Ventilation. — Installations hygiéniques. — Mesures de protection contre les accidents, — contre l'incendie. — Sociétés pour la surveillance des machines à vapeur. — Substitution de procédés inoffensifs à des procédés dangereux et insalubres. (Soufflage mécanique du verre; — blanc de zinc; — absorption des vapeurs nitreuses, etc.). — Diminution de la mortalité.

Règlements spéciaux d'atelier. — Leurs avantages. — Difficultés auxquelles a pu donner lieu leur application.

Statistiques à l'appui des résultats obtenus.

179. Alcoolisme. — Efforts dirigés par le déposant contre l'alcoolisme. — Leur succès.

Sociétés de tempérance. — Installations qui en dépendent. (Salles de rafraîchissement. — Cafés de tempérance.) — Système de l'abstinence graduelle, absolue (*Teatotaler*). — Moyens de propagande. — Nombre d'adhérents. — Résultats obtenus.

Asiles pour les alcooliques (*Trinkerazylen*). — Régime; — prix de la pension. — Budget; — fréquentation; — résultats.

Lutte contre l'influence du cabaret : par l'amélioration de la maison ouvrière; — par l'annexion du jardin à culture; — par les facilités données à l'épargne; — par le choix des jours de paye; — par la constitution du patrimoine.

Produire les statistiques et les documents relatifs à ces efforts contre l'alcoolisme et à leur efficacité.

[1] Voir la section IV. — [2] Voir la section XI. — [3] Voir la section IX.

EXPOSITION UNIVERSELLE DE 1889, À PARIS.

DIRECTION GÉNÉRALE DE L'EXPLOITATION.

EXPOSITION D'ÉCONOMIE SOCIALE.

ENQUÊTE.

QUESTIONNAIRE.

SECTION XIV. — INSTITUTIONS DIVERSES CRÉÉES PAR LES CHEFS D'EXPLOITATION EN FAVEUR DE LEUR PERSONNEL.

Nota. — *Tandis que les diverses sections de l'exposition d'Économie sociale sont consacrées à une catégorie déterminée d'institutions de prévoyance, telles que les sociétés de secours mutuels, les caisses de retraites, etc., quelle que soit d'ailleurs l'initiative dont ces institutions émanent, la section XIV est destinée à grouper, comme en un tableau d'ensemble, pour chaque entreprise industrielle, commerciale ou agricole, les institutions que les chefs de cette exploitation ont créées en faveur de leur personnel.*

Ces institutions patronales, qui appartiennent à la section XIV, seront en même temps, aux termes de l'article 5 de l'arrêté d'organisation du 9 juin 1887, « indiquées au catalogue des diverses sections auxquelles, par leur nature, elles peuvent se rattacher ». Elle figureront donc à la fois à l'état de dissémination individuelle dans leurs sections respectives et à l'état de groupement dans la section XIV. En somme, cette section est un cadre où les chefs d'exploitations pourront grouper leurs efforts en vue « d'améliorer la situation matérielle et morale de leurs coopérateurs, et de mieux établir la solidarité entre les facteurs de la production ».

Pour mettre la Commission en mesure d'apprécier ces efforts, il ne suffirait pas de lui en présenter la description même détaillée. En effet, si bien conçues qu'elles puissent être, les institutions patronales ont encore besoin, pour réussir, d'être exactement adaptées au milieu et prudemment appliquées. Aussi, avant de décrire les institutions établies en faveur de leur personnel, les patrons auxquels s'adresse la section XIV devront-ils définir au préalable le milieu et les généralités de leur exploitation. Viendront ensuite ces institutions elles-mêmes avec leurs détails statistiques, techniques et financiers; enfin, leurs effets dans les différentes directions où il sera possible d'en rechercher et d'en mesurer l'influence.

I — GÉNÉRALITÉS SUR L'EXPLOITATION.

180[1]. **Nature de l'exploitation.** — Son histoire. — Ses procédés généraux. — Sa forme légale. — Son organisation financière. — Constitution et importance de son capital. — Résultats des derniers exercices[2]. (Chiffre d'affaires. — Dividendes, etc.)

181. Consistance de l'exploitation. — Son organisation technique. — Ses principales divisions. — Le nombre moyen des ouvriers, employés et apprentis qu'elle occupe (classés par sexe, par âge et par nationalité); leur origine, leur recrutement. — L'organisation des salaires. — Leur importance. — Leur mode de fixation : à la journée, à la tâche, aux pièces. — Leur taux par catégorie, avec ses fluctuations. — Proportion du montant total des salaires au chiffre des opérations[3].

II. — INSTITUTIONS PATRONALES.

182. Institutions pour l'amélioration des salaires. — Primes et gratifications de toutes sortes. (D'après le rendement du travail, sa qualité, les économies réalisées, l'ancienneté des services.) — Sont-elles données en espèces, en nature ou réservées comme épargne au compte de l'ouvrier?

Part d'intérêt. — Participation aux bénéfices. (Formules et résultats.)

183. Institutions d'enseignement scolaire et professionnel. — Asiles et écoles entretenus ou subventionnés par le patron. — Organisation. — Programme. — Effectif scolaire.

Apprentissage. — Écoles d'apprentis. — Enseignement professionnel donné dans l'usine. — Ateliers d'apprentissage.

[1] Le numérotage des paragraphes se poursuivant sans interruption du premier au dernier questionnaire, chacun d'eux se trouve ainsi défini par son numéro matricule, de sorte qu'en tête de la réponse il suffira d'inscrire ce numéro sans avoir à reproduire ni le titre du paragraphe ni celui de la section.

Parmi les questions du présent questionnaire, chaque déposant se bornera à traiter celles qui le visent personnellement et sur lesquelles il a quelque renseignement de fait à fournir, sans s'occuper des autres.

Il est prié de désigner d'une manière précise et complète en tête de ses réponses le nom, la nature et l'adresse de l'exploitation ou de l'industrie qu'il représente avec les fonctions qu'il y remplit, et de joindre à sa déposition tous les documents susceptibles de l'éclairer et de la fortifier, tels que statuts, règlements, comptes rendus, rapports, statistiques, etc.

[2] Il est bien entendu que chacun ne répondra à ces diverses questions que dans la mesure où il croira pouvoir le faire sans inconvénient. Pour les sociétés anonymes qui vivent sous le régime de la publicité, ce questionnaire n'a rien d'embarrassant. Quant aux exploitations privées, leurs chefs choisiront celles des données extérieures qui peuvent servir de *criterium* et de mesure à l'importance de leur entreprise (quintaux de blé, tonnes de rails, mètres de tissus). — [3] Voir la note précédente.

Enseignement des adultes. — Cours du soir. — Conférences. — Bibliothèques. — Salles de lecture. — Fréquentation.

184. Institutions pour aider la famille dans son état normal de travail et de santé. — Logements à prix réduits, — ou gratuits, — avec jardins ou dépendances rurales. — Combinaisons adoptées pour faciliter l'accès à la propriété de la maison.

Location ou vente à bon marché par les patrons de terrains pour cultiver ou pour construire. — Avances faites spécialement dans ce but.

Chauffage gratuit. — Droit d'affouage ou de ramassage de bois mort; — de pâturage; — autres droits d'usage concédés aux ouvriers agricoles.

Économats pour la vente de denrées alimentaires, de vêtements et d'objets mobiliers. — Cantines et réfectoires. — Fourneaux économiques.

Subventions aux sociétés coopératives de consommation.

Caisses d'épargne particulières à l'exploitation. — Taux de l'intérêt. — Taux progressifs pour amorcer les premières épargnes.

Avances gratuites aux ouvriers. — Prêts d'honneur.

Bains et lavoirs. — Installations hygiéniques des ateliers.

Précautions contre les accidents; — contre l'incendie.

185. Institutions pour aider la famille au moment de ses crises. (Maladies; — accidents; — chômages; — vieillesse; — décès [1].)

Caisses de secours : avec ou sans retenue sur les salaires; — avec ou sans intervention de l'État. (Mécanisme et taux des indemnités.)

Sociétés de secours mutuels. — Quotité des subventions du patron. — Taux des cotisations et des indemnités.

Assurances contre l'incendie, les maladies, les accidents et sur la vie. (Subventions, — retenues, — mode de fixation et taux des pensions, — secours.)

Caisses de prévoyance et de retraite. — Ressources qui les alimentent. — Constitution d'un patrimoine ou d'une pension. — Condition de réversibilité sur les veuves et les orphelins.

Efforts et sacrifices faits en vue d'éviter le chômage.

Établissements hospitaliers fondés et entretenus ou subventionnés par le patron. (Hôpitaux, hospices, infirmeries, dispensaires, etc.) — Lits à sa charge.

Établissements du même genre spécialement affectés aux ouvriers agricoles. (Hospices ruraux, stations hospitalières, orphelinats agricoles, etc.)

Secours à domicile pour les malades, les blessés, les infirmes.

Travaux légers réservés aux vieillards.

186. Institutions en faveur des femmes et des enfants. — Secours aux femmes en couches. — Crèches.

[1] Il sera bon de joindre les statuts de ces diverses institutions, avec la législation qui les régit, si la loi intervient dans leur mécanisme par l'obligation, la surveillance ou les subsides, comme à l'étranger. On devra également fournir, avec la statistique du personnel, le tableau des résultats financiers et celui des prévisions à longue échéance.

Écoles ménagères pour apprendre aux petites filles la tenue du ménage.

Ouvroirs pour les jeunes filles. — Constitution d'un pécule. — Orphelinats pour les jeunes filles sans famille. — Dots aux jeunes ouvrières.

Efforts faits pour laisser la mère et l'épouse au foyer (par l'exercice de petites industries domestiques étrangères à l'usine, ou par l'exécution à domicile de travaux donnés par le patron. — Avances pour l'achat de machines à coudre. — Réserve, au profit des jeunes filles et des veuves, des travaux féminins exécutés dans l'atelier. — Heures de repos pour laisser la mère vaquer aux devoirs du ménage entre deux séances de travail.) — Primes pour la bonne tenue du ménage. — Précautions prises en faveur de la moralité des ouvrières. — Séparation des sexes. — Sorties séparées.

187. Institutions destinées à la récréation des ouvriers. — Orphéons. — Gymnastique. — Sociétés de tir. — Cercles.

188. Institutions particulières. — *On placera sous ce titre les institutions qui ne rentreraient dans aucune des catégories précédentes.*

III. — RÉSULTATS DES INSTITUTIONS PATRONALES.

189. Importance des sacrifices exigés par le jeu des institutions patronales. — Chiffre total. — Proportion par rapport au montant des salaires, — au chiffre des opérations, — aux dividendes.

190. Mœurs et habitudes de la population. — Proportion des naissances illégitimes. — Fécondité des familles.

Situation matérielle et morale de la famille ouvrière et de la population locale. — Épargnes. — Montant des dépôts. — Acquisitions foncières et placements en valeurs mobilières. — Tempérance. — (Consommation de l'alcool par tête. — Budget de l'alcoolisme local.) — Stabilité du personnel. (Durée des services. — Générations successives d'ouvriers dans la même exploitation[1].) — Chômages. — Mortes saisons. — Leur périodicité.

191. Relations entre le capital et le travail. — Entente ou grèves. — Mesures prises pour prévenir ou trancher les difficultés relatives à la fixation des salaires ou à l'organisation du travail. — Rapports personnels des ouvriers et du patron. — Faits particuliers d'attachement et d'union.

[1] Il sera bon de classer les ouvriers d'après la durée de leur séjour, 0 à 6 mois, 6 mois à 1 an, 1 à 2 ans, 2 à 5 ans, 5 à 10 ans, 10 à 20 ans et au-dessus, et de ramener chaque proportion à un total de 1000.

EXPOSITION UNIVERSELLE DE 1889, À PARIS.

DIRECTION GÉNÉRALE DE L'EXPLOITATION.

EXPOSITION D'ÉCONOMIE SOCIALE.

ENQUÊTE.

QUESTIONNAIRE.

SECTION XV. — GRANDE ET PETITE INDUSTRIE. GRANDE ET PETITE CULTURE.

NOTA. — *Parmi les questions importantes qu'embrasse le programme de la section XV, il en est un certain nombre qui relèvent de la statistique générale, et pour lesquelles la Commission d'organisation ne demandera pas de relevé spécial, s'en tenant aux documents déjà recueillis et publiés de divers côtés. L'enquête entreprise à l'occasion de l'exposition d'Économie sociale ne saurait en effet avoir la prétention de suppléer et de refaire ces grandes opérations statistiques; mais elle doit les utiliser et les «illustrer» par quelques études locales sur des types bien choisis.*

Pour la section XV, ces types se partagent en trois catégories distinctes : la commune, l'atelier, la famille. C'est dans la commune seule que l'on peut suivre les mouvements d'émigration et d'immigration, la répartition de la grande et de la petite culture; c'est l'atelier, l'exploitation qui permettent d'étudier les faits relatifs à l'organisation du travail industriel ou agricole; enfin, c'est à la famille ouvrière qu'il faut s'adresser pour établir le budget de ses ressources et de ses dépenses.

Dans chaque catégorie, on ne fera remplir le questionnaire que pour un petit nombre de types caractéristiques.

Le choix de ces types est délicat autant qu'essentiel au succès de l'enquête. Le type doit correspondre aux conditions moyennes de la situation ou du phénomène qu'on doit étudier. Ainsi l'on choisira, dans un département à émigration étrangère comme les Basses-Pyrénées, ou à émigration intérieure comme la Creuse, les deux ou trois communes où ces courants sont le plus réguliers et le plus accusés; pour la famille ouvrière, on choisira les types qui représentent le mieux la moyenne des familles ou des individus vivant dans le même milieu et dans une situation analogue.

Outre cette première condition, le choix des types sera influencé par celui du correspondant auquel sera confié le soin de les décrire. Entre plusieurs communes équivalentes au point de vue de la qualité scientifique des types, le comité dé-

partemental donnera la préférence à celles où la municipalité lui offrira le plus de garanties pour la compétence et la valeur technique des observations à produire.

Le questionnaire de la section XV se divise ainsi en trois parties suivant qu'il s'agit d'interroger la commune, l'atelier ou la famille.

A. — QUESTIONNAIRE DE LA COMMUNE.

I. — GÉNÉRALITÉS SUR LA GRANDE ET SUR LA PETITE INDUSTRIE.

192 (1)**. Concentration de l'industrie.**

Pour une commune donnée, produire les faits et documents permettant de constater la concentration d'une ou de plusieurs industries dans de grands établissements.

Quelles sont, dans la commune dont il s'agit, les causes principales de cette concentration? (Au nombre de ces causes, indiquer, s'il y a lieu, la présence de la matière première dans le voisinage, de la force motrice, chute d'eau ou charbon de terre, les autres conditions favorables du sol ou du climat, les débouchés par voie d'eau ou de terre, la proximité du marché de vente, l'abondance de la main-d'œuvre, etc.)

Depuis quelle époque cette concentration est-elle notable, et quel en a été le progrès?

Cette industrie a-t-elle subi des crises? — Les décrire. — Quelle influence ont-elles exercée sur le nombre des ouvriers employés dans l'industrie?

Quelle influence la concentration a-t-elle exercée : sur la durée des heures de travail; — la capacité professionnelle des ouvriers; — leur bien-être; — leur moralité; — leurs habitudes d'épargne ou de tempérance; — la vie de famille; — la natalité et la mortalité?

193. Petite industrie. — Quelles sont, dans la commune, les petites industries qui, depuis le commencement du siècle, ou au moins depuis 1850, ont disparu; — notablement diminué; — surgi?

A quelle cause attribuer la décadence ou la formation de ces petites industries? — Cette formation est-elle due à des initiatives officielles ou collectives? — Lesquelles?

Quelle influence cette décadence ou cette formation ont-elles exercée : sur le salaire en général; — la richesse du pays; — le bien-être de l'ouvrier; — sa moralité; — le nombre des habitants; — le travail agricole?

(1) Le numérotage des paragraphes se poursuivant sans interruption du premier au dernier questionnaire, chacun d'eux se trouve ainsi défini par son numéro matricule, de sorte qu'en tête de la réponse, il suffira d'inscrire ce numéro sans avoir à reproduire ni le titre du paragraphe ni celui de la section.

Dans le cas de décadence, les ouvriers sont-ils restés dans le pays? — Ont-ils embrassé une autre profession industrielle ou sont-ils devenus ouvriers agricoles?

Faire connaître les principales industries exercées par les femmes dans la localité; — le gain que procurent ces industries; — les avantages et les inconvénients qu'elles peuvent avoir, au double point de vue de la production et de la famille ouvrière[1].

Les enfants de moins de treize ans vont-ils régulièrement à l'école pendant toute l'année scolaire? — Comment les apprentis se comportent-ils et comment sont-ils traités dans la petite industrie?

II. — DE LA GRANDE ET DE LA PETITE CULTURE.

194. Situation générale de la propriété et de la culture dans la commune. — Indiquer pour la commune la proportion du sol :

Cultivé par le propriétaire (en distinguant : (a) l'exploitation par ses bras seuls et ceux de sa famille; — (b) l'exploitation par un régisseur ou maître-valet, avec le concours d'ouvriers agricoles, bordiers, etc.);

Amodié à des tiers (en distinguant ; (c) le fermage; — (d) le métayage).

Combien la commune compte-t-elle de propriétaires? — Sur ce nombre, combien y résident effectivement? (Répartir ces chiffres entre les quatre catégories a, b, c, d, de la question précédente.)

195. Division du sol. — Quelle est l'étendue et la consistance du domaine suffisant pour occuper et nourrir une famille de paysans? — Combien existe-t-il dans la commune de domaines de ce genre?

Quelles sont, dans la commune, les limites de contenance qu'il convient d'adopter pour distinguer la petite, la moyenne et la grande culture? — Étendues correspondantes de ces trois divisions.

Le sol est-il morcelé en petites exploitations; — en petites parcelles? — Sont-elles contiguës ou disséminées? — Conséquences du morcellement. — En cas d'inconvénients reconnus, a-t-on cherché à y remédier par des «remembrements» facultatifs, par des associations particulières (pour certaines industries agricoles, comme la laiterie, la fabrication des fromages, *fruitières*, — pour l'achat en commun des engrais, machines, semences, etc...)?

Entraves à la liberté de la culture provenant de la loi ou de la coutume. (Ban des vendanges, clauses particulières des baux, *Kulturzwang* allemand.)

[1] Ces réponses seront précisées par le budget de la famille ouvrière. (Voir ci-après, § 218 à 222.)

196. Mobilité de la propriété. — *Indiquer (sinon pour toutes les propriétés de la commune, au moins pour quelques-unes d'entre elles) les mutations effectuées au cours de ce siècle; — en analyser les causes en distinguant celles qui tiennent aux décès, aux aliénations volontaires ou aux ventes par autorité de justice.*

197. Intervention de la loi dans la distribution, la disposition ou la transmission du sol. — Ses effets dans la commune au point de vue de la stabilité de la propriété; — de la situation des familles; — des progrès de l'agriculture.

Régimes particuliers aux pays étrangers. — Remembrement obligatoire en Allemagne (*Zusammenlegung der Grundstücke*). — Régimes spéciaux de transmission pour les petits domaines (*Bauernhof, Hofrolle*).

Insaisissabilité ou inaliénabilité pour une portion du domaine du paysan. (*Homestead exemption* aux États-Unis, au Canada, en Australie, etc.)

198. Particularités coutumières dans la constitution de la propriété ou de son exploitation. — (Bail à complant; — droit de marché; — domaine congéable; — marché de terre; — emphythéose; — colonie perpétuelle de la campagne romaine, etc.)

Domaine féodal; propriété assujettie. (*Rentgüter* en Allemagne; — *Tenant right* en Irlande.)

Partages périodiques. (*Mir* russe; *Dessa* de Java; *Communautés* de l'Inde, etc.)

199. Histoire agricole de la commune. — Quels sont les changements survenus depuis 1789 dans l'étendue des propriétés rurales; — dans la division du sol entre les exploitations, les parcelles; — dans les modes d'exploitation (a, b, c, d du § 194)? — Causes de ces changements. — Leurs résultats sur les progrès de l'agriculture et le bien-être des cultivateurs.

Prix moyen de location et d'achat de l'hectare de terre de diverses natures depuis 1789. (En particulier : au commencement du siècle; — en 1850; — en 1875; — en 1887. — Autant que possible, donner ces prix pour une même propriété à diverses époques.)

200. Condition du personnel de la grande culture.

Degré d'avancement de ce personnel au point de vue de l'instruction agricole. (Est-il ouvert aux méthodes perfectionnées? — Sinon, causes de sa résistance ou de sa lenteur à les appliquer : défaut de lumière, — de capital; — enclaves, — morcellement, — mauvaise rédaction des baux.)

Mode d'existence. (Logement, nourriture, vêtement, récréations, épargnes. — Améliorations de ce régime à diverses époques depuis un siècle; — ont-elles gardé ou dépassé la juste mesure au point de vue de la situation de l'agriculture et de l'agriculteur?)

Stabilité de l'exploitation. (Les terres restent-elles longtemps entre les mains du même exploitant? — Citer les fermes qui se sont transmises de père en fils dans la même famille de fermiers ou de métayers.)

201. Condition du personnel de la moyenne culture. — La majorité se compose-t-elle de propriétaires faisant valoir ou de fermiers?

Influence comparée du faire valoir et de fermage sur les habitudes et la capacité professionnelle de ceux qui les mettent en pratique.

Les moyens cultivateurs sont-ils suffisamment pourvus : 1° d'instruction, — 2° de capitaux? — Montrent-ils une initiative proportionnée à leurs ressources? — Quels progrès se sont opérés dans leur condition? — Sont-ils économes, rangés, etc.? — Comment supportent-ils les temps de crise?

202. Condition du personnel de la petite culture. — Quelle est l'influence de la petite culture sur l'intelligence, le travail, l'économie, la situation de ceux qui s'y adonnent?

Leur instruction agricole a-t-elle fait quelque progrès?

Tiennent-ils compte des perfectionnements opérés dans la culture?

Quelle est leur condition relativement au logement, au vêtement, à la nourriture, aux habitudes de propreté et d'hygiène?

Moralité et tempérance du petit cultivateur; — de l'ouvrier rural qui ne possède aucune propriété.

203. Condition du métayer (dans les pays où ce régime d'amodiation est en usage). — Quelle est la valeur des métayers comme instruction et capacité? — Se sont-ils montrés susceptibles de contribuer au perfectionnement de la culture?

Part du cheptel qu'ils apportent dans l'exploitation.

Part qu'ils ont dans la répartition des fruits.

Quel est leur moralité en général? — Quelle est leur stabilité?

Leur mode d'existence. — Ses modifications depuis un siècle.

Tendent-ils à rester dans le métayage ou à en sortir. — Pourquoi?

204. Condition de l'ouvrier agricole.

En quoi et dans quelle mesure s'est améliorée la condition : 1° des domestiques de ferme; — 2° des ouvriers vivant chez eux? (Quantité et qualité de l'alimentation. — Vêtement. — Habitudes générales. — Y a-t-il eu progrès dans le logement? — Prix de location du logement qu'ils louent. — Beaucoup sont-ils propriétaires de leur maison; — d'un champ qu'ils exploitent?)

Modes divers d'engagement des ouvriers agricoles : à l'année, — à la journée, — à la tâche.

Fait-on appel à des ouvriers du dehors pour les moissons ou les vendanges? — Leur origine. — Leurs habitudes.

Taux des gages et des salaires : selon les saisons et la nature des travaux, à la journée ou à la tâche, pour hommes, femmes et enfants. (Distinguer le cas où les ouvriers sont nourris et logés.)

Modes de payement pour les grands travaux, tels que moisson, vendange, etc. — En nature? — En argent? (*Analyser ces divers modes.*)·

Proportion dans laquelle ces gages ou salaires ont augmenté depuis le commencement du siècle.

Degré d'instruction. — Énergie dans le travail. — Épargne. — Habitudes de tempérance ou d'intempérance.

Quelle est la part des économies? — Vont-elles aux achats de terre ou aux placements mobiliers?

L'emploi des machines agricoles (faucheuses, moissonneuses, etc.) tend-il à se propager dans la commune? — Quelle est son influence sur le prix de la main-d'œuvre?

Assistance pour les pauvres. — Secours médicaux. — Hospice rural.

205. Alliance du travail agricole et du travail industriel[1].

Le paysan est-il en même temps ouvrier attaché à quelque manufacture? (Indiquer les détails de cette organisation, la répartition de son temps, la combinaison adoptée pour ses repas, etc.) — Ce travail industriel est-il permanent ou passager? (Rend-il la liberté au paysan à certaines époques, par exemple au moment des récoltes?)

Outre le travail agricole, le petit cultivateur ou l'ouvrier rural exerce-t-il quelque industrie domestique? (Vannerie, tissage, fabrication de jouets, sabots, gants, dentelles). — Rôle réservé dans ces industries aux divers membres de la famille. — Sont-elles toujours en activité? — Chôment-elles d'une façon régulière ou accidentelle? — Dans quelle proportion ces travaux complémentaires augmentent-ils les ressources du ménage rural? — Leur influence sur l'assiette et la sécurité de la famille.

III. — ÉMIGRATION ET IMMIGRATION.

206. Émigration des campagnes dans les villes et à l'étranger. — Combien y a-t-il eu, en 1886 et en 1887, d'émigrants qui aient quitté la commune? — L'émigration est-elle depuis longtemps dans les habitudes de la population? — Si elle a augmenté, cause de cette augmentation?

[1] Se borner pour ce paragraphe à des considérations générales et renvoyer au questionnaire des paragraphes 218 et 219 le détail précis des réponses, avec chiffres à l'appui.

— Où se rendent de préférence les émigrants? (Si c'est dans une autre commune de France, laquelle? — Si c'est à l'étranger, dans quel pays? — Y sont-ils attendus, patronés par des compatriotes?) — Distinguer autant que possible le sexe, l'âge, l'état civil, la profession des émigrants.

Les émigrants emportent-ils un capital ou des outils? — Envoient-ils, pendant qu'ils sont émigrés, de l'argent à leur famille? — Reviennent-ils au pays et y rapportent-ils un pécule?

Existe-t-il des agences d'émigration et comment fonctionnent-elles?

Quelles sont les conditions de transport des compagnies maritimes?

L'Administration exerce-t-elle une surveillance sur l'émigration?

207. Immigration dans les villes et dans les fabriques. — Quelle était la population de la commune en 1801, en 1846, en 1886?

Depuis combien de temps l'immigration est-elle devenue notable? — Quelle est depuis vingt ans (ou depuis une période plus éloignée) la moyenne annuelle de l'excédent des naissances sur les décès (s'il y en a un), avec le nombre moyen annuel des immigrants?

A quelles causes attribuer l'immigration? — Ses sources principales.

Faire connaître, autant que possible et d'une manière générale, l'âge, le sexe, l'état civil des immigrants dans la commune.

Les immigrants se fixent-ils dans la commune ou retournent-ils au pays natal? — Y reviennent-ils les mains vides ou après fortune faite? — Se marient-ils dans la commune ou au dehors? — Professions. — Salaires. — Condition matérielle. — Épargnes. — Moralité.

Rapatriement au village des émigrants échoués dans les villes. (Secours de route. — *Stations hospitalières* formant étape.) — Institutions, établissements publics ou particuliers de protection pour les immigrants?

Agences de renseignements ou de protection dans les pays étrangers où se rendent d'ordinaire les émigrants français.

B. — QUESTIONNAIRE DE L'ATELIER (1).

NOTA. — *Le patron ou chef d'atelier auquel sera adressé ce questionnaire est*

(1) Parmi les questions des questionnaires B et C, chaque déposant se bornera à traiter celles qui le visent personnellement et sur lesquelles il a quelque renseignement de fait à fournir, sans s'occuper des autres.

Il est prié de désigner d'une manière précise et complète en tête de ses réponses le nom, la nature et l'adresse de l'exploitation ou de l'institution qu'il représente avec les fonctions qu'il y remplit, et de joindre à sa déposition tous les documents susceptibles de l'éclairer et de la fortifier, tels que statuts, règlements, comptes rendus, rapports, statistiques, etc.

invité à répondre d'abord à celles des questions qui le concernent dans les paragraphes précédents[1], *puis à celles des paragraphes ci-après 208 et 209, ou 210 à 214, suivant qu'il appartient à la grande ou à la petite industrie.*

I. — GRANDE INDUSTRIE.

208. Généralités sur l'atelier. — Définition de l'industrie; — son histoire; — ses phases diverses. — Organisation générale de l'atelier.

209. Personnel de l'atelier. — Origine des ouvriers. — Fluctuations de l'effectif. — Mortes-saisons. — Chômages.

Les familles ouvrières pratiquent-elles des industries domestiques? — Allient-elles les travaux agricoles aux travaux industriels?

Situation générale du personnel. — Ses rapports avec le patron.

II. — PETITE INDUSTRIE.

210. Généralités sur l'atelier. — Définition de l'atelier. (Le chef de l'atelier est-il entrepreneur d'industrie pour son compte; — travaille-t-il pour le compte d'autres entrepreneurs à titre de façonnier ou d'ouvrier en chambre?)

Dans le cas où il est façonnier, quels sont ses rapports avec les entrepreneurs? (Fournitures des matières premières; — outillage; — bases du règlement de la main-d'œuvre.)

211. Personnel de l'atelier. — Ce personnel est-il formé exclusivement du chef de l'atelier et de sa famille? — Comprend-il en outre des auxiliaires, — des apprentis? — Leur situation. (Nature de leurs travaux, leurs rapports avec la famille; — sont-ils logés et nourris? — Taux de leurs salaires.)

212. Organisation de l'atelier. — Genre de travail effectué. — Rapports avec les fournisseurs des matières premières et les acheteurs des produits. — Débouchés.

Outillage. (Métiers, tours, etc.) — Mise en mouvement des outils. (Se fait-elle à la main ou par moteur? — Dans ce dernier cas indiquer la nature de la force motrice, ses conditions de service, ses frais d'installation, sa dépense par heure, par jour.) — Résultats de l'emploi de la force motrice et des outils au point de vue de l'hygiène, — de la main-d'œuvre, — du salaire, — de la lutte contre la concurrence.

[1] Indépendamment des réponses à cette section, le patron pourra avoir en outre à remplir tout ou partie des questionnaires des autres sections, notamment les sections I, XIV, etc.

L'atelier est-il en voie de déclin ou de prospérité? — Quels sont ses côtés faibles ou ses chances favorables vis-à-vis de la grande industrie?

213. Mortes saisons. — Chômages. — L'atelier chôme-t-il d'une façon périodique ou irrégulière? — Causes des chômages; — leur époque et leur durée; — leur gravité. — Moyens employés pour y faire face par les ouvriers chefs de métiers et leurs ouvriers auxiliaires.

214. Travaux agricoles et domestiques. — L'artisan et l'ouvrier en chambre font-ils de la culture, en même temps qu'ils exercent leur industrie? — Lors des récoltes quittent-ils l'atelier pour les travaux agricoles?

La femme exerce-t-elle à la maison une industrie particulière distincte de celle de son mari? — Laquelle? — Produit de ces travaux. — Leurs conséquences sur la situation de la famille. — Laissent-ils à la femme un temps suffisant pour vaquer aux soins du ménage [1]?

C. — QUESTIONNAIRE DE LA FAMILLE [2].

NOTA. *Il convient de bien choisir les types des familles ou des individus pour lesquelles ce questionnaire devra être rempli. Ce choix doit être fait sans parti pris, sans idée préconçue, mais uniquement inspiré par le désir de connaître la situation générale dont le type est destiné à représenter la moyenne.*

On choisira de préférence une famille ou un individu originaire de la localité, y résidant depuis longtemps, y possédant de fortes attaches et dès lors bien imprégné de son esprit et de ses traditions. Le type réunira des conditions moyennes, c'est-à-dire qu'il ne se détachera des familles voisines par aucun caractère saillant et exceptionnel ni en bien ni en mal. On préférera le plus souvent un ménage complet avec enfants, mais sans exclure systématiquement le célibataire, qui, surtout pour certaines agglomérations, mérite une étude à part [3].

Toutes les réponses doivent de même se rapporter à une année moyenne, tant au point de vue de la situation générale du milieu qu'au point de vue spécial de la famille interrogée.

Les familles ouvrières ayant peu l'habitude de tenir exactement leurs comptes de doit et avoir, et se trouvant ainsi difficilement en mesure de suffire à remplir elles-mêmes le questionnaire qui les concerne, il faudra en général confier ce soin au correspondant du comité (maire, instituteur, patron, propriétaire), *qui aura déjà*

(1) Renvoyer aux paragraphes 218 et 219 la réponse précise et chiffrée à ces questions.

(2) Voir la note (1) au bas de la page 127.

(3) Le questionnaire a été préparé en vue d'un ménage : mais on en sera quitte pour négliger celles des questions qui ne sont pas applicables aux célibataires.

des rapports intimes avec le chef et les membres de la famille, jouira de leur confiance et écrira leurs réponses sous leur dictée en les coordonnant [1].

I. — GÉNÉRALITÉS SUR LA FAMILLE OUVRIÈRE.

215. Définition de la famille. — Sa composition. — Âge de ses divers membres. — Sa résidence. — Son histoire. — Industrie qu'elle exerce ou dont elle dépend.

216. Moyens d'existence. — Travail principal de chacun de ses membres. — Travaux accessoires. (Indiquer si, tout en exerçant une industrie productive de salaire, la femme nourrit ses enfants, fait sa cuisine, tient son ménage et blanchit; si elle s'occupe exclusivement de ces travaux domestiques ou si elle est exclusivement ouvrière.)

Propriétés foncières et mobilières. — Subventions et allocations diverses.

217. Mode d'existence. — Habitation; — alimentation [2]; — vêtements; — amusements.

II. — BUDGET DE LA FAMILLE [3].

(OUVRIER CÉLIBATAIRE OU FAMILLE D'OUVRIER.)

218. Recettes en argent.

a. Salaires quotidiens et annuels pour le travail principal du mari, — de la femme, — des enfants [4]. (Indiquer l'organisation de ces salaires : à la journée ou à la tâche, et le nombre de jours de travail par an.)

[1] On pourra consulter avec profit à ce sujet les travaux classiques de MM. Ducpétiaux (*Budgets économiques des classes ouvrières*); Le Play (*Les Ouvriers européens*); Dr Engel (*Der Preis der Arbeit*); Villermé (*État physique et moral des ouvriers*); Louis Reybaud (*La laine, le coton et la soie*); les rapports annuels du *Bureau des statistiques du travail* du Massachusetts, etc.

[2] Pour l'ouvrier célibataire qui n'est pas nourri chez son patron, on devra faire connaître s'il prépare lui-même sa nourriture et prend ses repas chez lui, à l'atelier ou ailleurs, ou s'il est nourri dans une famille, un restaurant, une auberge, une pension économique. — De même pour son habitation, il conviendra de dire s'il loge dans sa famille, en garni, s'il est dans ses meubles, ou s'il est admis comme pensionnaire dans un ménage ouvrier. — Avantages ou inconvénients de ces divers modes.

[3] C'est surtout le chef de famille qui connaît le budget des recettes et la ménagère, celui des dépenses.

[4] On indiquera, si c'est possible, les changements survenus depuis une vingtaine d'années, soit dans le salaire quotidien à la journée et dans le nombre de journées à l'année, soit dans le nombre d'heures de travail, dans le prix de façon de l'ouvrage et dans la quantité d'ouvrage fait par l'ouvrier dans la journée.

b. Gains accessoires. (Vente des produits obtenus par l'élève d'animaux, volailles, abeilles, vers à soie, etc.; — par la culture d'un jardin potager, d'un champ, etc.; — par des travaux ou services éventuels.)

c. Allocations pécuniaires. (Secours émanant soit de la charité publique ou privée, soit de libéralités patronales, soit d'institutions de prévoyance.)

d. Revenus des propriétés foncières ou mobilières. (Maisons, champs, animaux domestiques. — Rentes sur l'État, obligations, etc.)

Recette totale en argent par an provenant des quatre sources ci-dessus indiquées.

219. Recettes en nature.

Pour les recettes comprises dans ce paragraphe, on procédera par évaluations approchées, en estimant au cours du marché les objets consommés directement par la famille.

a. Salaires en nature. (Nourriture, — habitation, — fournitures ou denrées [1].)

b. Gains accessoires. (Produits consommés en nature dans le ménage et obtenus par l'élève des animaux, — par des travaux ou services éventuels.)

c. Subventions en nature. (Chauffage, éclairage, médicaments, droits de pâturage, d'affouage, de glanage, de ramassage de bois mort, — communaux, etc.)

d. Revenus des propriétés foncières. (Loyer de la maison possédée et habitée par la famille. — Produits consommés en nature dans le ménage et fournis par le jardin potager, le champ, que possède la famille.)

Evaluation de la recette totale en nature par an, provenant des quatre sources ci-dessus indiquées.

Total des recettes annuelles en argent et en nature.

220. Dépenses en argent [2].

a. Nourriture. (Si la famille se nourrit dans un établissement quelconque, faire connaître sa dépense journalière. — Si la mère de famille fait la cuisine, indiquer la dépense moyenne par an, avec la décomposition entre les principaux objets de consommation suivants : pain; — lait, beurre et huile; — poisson; — viande, laquelle? — légumes et fruits; — autres aliments; — boissons, lesquelles?)

Dépenses accessoires. (Café, cabaret, etc.)

b. Logement. (Taux du loyer par semaine, par trimestre, par année. — Si l'ou-

[1] Par exemple, le blé que reçoivent certains moissonneurs, les denrées prises à un économat et dont le montant est retenu sur les salaires.

[2] On n'a pas jugé nécessaire de consacrer un paragraphe spécial aux dépenses en nature, dont tous les éléments sont déjà chiffrés au paragraphe précédent.

vrier est propriétaire de sa maison, on n'inscrira ici que les dépenses provenant de l'impôt et de l'entretien de l'immeuble.)

Mobilier. — Chauffage et éclairage.

c. Vêtements : pour le mari; — la femme; — les enfants. (On évaluera cette dépense en divisant le prix d'achat de chaque vêtement par le nombre d'années qui en représente la durée. — On indiquera si la femme confectionne elle-même une partie des vêtements de la famille.)

d. Menus plaisirs et dépenses diverses. (Récréations; — écoles; — culte; — impôts; — service de santé, etc.)

e. Dépenses d'épargne et de prévoyance. (Placements à la caisse de retraite; — cotisations à une société de secours mutuels, — assurances. — Faire savoir si la femme et les enfants sont membres de la société de secours mutuels.)

Dépenses totales en argent par an.

221. Épargnes et dettes. — Placements à la caisse d'épargne, — à d'autres institutions d'épargne. — Achat de terres, d'une maison; — de valeurs. — Lesquelles? — Dettes.

222. Situation de la famille. — Observations générales sur la situation morale et matérielle de la famille, son état de gêne ou d'aisance, — ses perspectives d'avenir. — Que sont devenus les enfants adultes? — A quoi destine-t-on les jeunes enfants? — Les enfants exercent-ils la profession de leurs parents? — Restent-ils dans le pays ou vont-ils chercher fortune au dehors?

TABLE DES MATIÈRES.

I. — INSTITUTION DE L'EXPOSITION D'ÉCONOMIE SOCIALE.

II. — QUESTIONNAIRES DE L'ENQUÊTE.

SECTION I. — RÉMUNÉRATION DU TRAVAIL

I. — GÉNÉRALITÉS SUR L'ÉTABLISSEMENT OU L'EXPLOITATION.

II. — SALAIRES INDUSTRIELS.

III. — SALAIRES AGRICOLES.

SECTION II. — PARTICIPATION AUX BÉNÉFICES. — ASSOCIATIONS COOPÉRATIVES DE PRODUCTION.

I. — PARTICIPATION AUX BÉNÉFICES.

II. — ENSEIGNEMENT PROFESSIONNEL.

III. — SOCIÉTÉS DE PATRONAGE.

SECTION V. — SOCIÉTÉS DE SECOURS MUTUELS.

I. — GÉNÉRALITÉS.

II. — OBJET DE LA SOCIÉTÉ.

III. — ORGANISATION FINANCIÈRE.

SECTION VI. — CAISSES DE RETRAITE ET RENTES VIAGÈRES.

I. — INSTITUTIONS OFFICIELLES.

II. — INSTITUTIONS PROVENANT DE L'INITIATIVE DES INTÉRESSÉS.

Voir les sections III, V, IX et X.

III. — INSTITUTIONS PROVENANT DE L'INITIATIVE PATRONALE.

SECTION VII. — ASSURANCES CONTRE LES ACCIDENTS ET SUR LA VIE.

I. — ASSURANCES CONTRE LES ACCIDENTS.

II. — ASSURANCES SUR LA VIE.

III. — ASSURANCES DIVERSES.

IV. — INSTITUTIONS D'ASSURANCES.

SECTION VIII. — ÉPARGNE.

I. — INSTITUTIONS AYANT UNE ORIGINE OU DES ATTACHES OFFICIELLES.

II. — INSTITUTIONS D'UN CARACTÈRE PUREMENT PRIVÉ.

SECTION X. — ASSOCIATIONS COOPÉRATIVES DE CRÉDIT.

I. — GÉNÉRALITÉS COMMUNES À TOUTES LES ASSOCIATIONS COOPÉRATIVES DE CRÉDIT.

II. — PARTICULARITÉS CONCERNANT CERTAINES INSTITUTIONS DE CRÉDIT COOPÉRATIF.

SECTION XI. — HABITATIONS OUVRIÈRES.

I. — NATURE ET ORIGINE DES EFFORTS ACCOMPLIS EN VUE D'AMÉLIORER L'HABITATION DES OUVRIERS.

II. — TYPES DE CONSTRUCTION ET LOYERS.

III. — RÉSULTATS.

SECTION XII. — CERCLES D'OUVRIERS. — RÉCRÉATIONS ET JEUX.

SECTION XIII. — HYGIÈNE SOCIALE.

A. — QUESTIONNAIRE RÉGIONAL.

I. — HYGIÈNE GÉNÉRALE.

II. — HYGIÈNE PROFESSIONNELLE.

B. — QUESTIONNAIRE INDIVIDUEL.

MESURES PRISES PAR L'INITIATIVE PRIVÉE POUR L'HYGIÈNE ET LA PROTECTION DE L'OUVRIER.

SECTION XIV. — INSTITUTIONS DIVERSES CRÉÉES PAR LES CHEFS D'EXPLOITATION EN FAVEUR DE LEUR PERSONNEL.

I. — GÉNÉRALITÉS SUR L'EXPLOITATION.

II. — INSTITUTIONS PATRONALES.

III. — RÉSULTATS DES INSTITUTIONS PATRONALES.

SECTION XV. — GRANDE ET PETITE INDUSTRIE. GRANDE ET PETITE CULTURE.

A. — QUESTIONNAIRE DE LA COMMUNE.

I. — GÉNÉRALITÉS SUR LA GRANDE ET SUR LA PETITE INDUSTRIE.

II. — DE LA GRANDE ET DE LA PETITE CULTURE.

III. — ÉMIGRATION ET IMMIGRATION.

B. — QUESTIONNAIRE DE L'ATELIER.

I. — GRANDE INDUSTRIE.

II. — PETITE INDUSTRIE.

C. — QUESTIONNAIRE DE LA FAMILLE.

I. — GÉNÉRALITÉS SUR LA FAMILLE OUVRIÈRE.

II. — BUDGET DE LA FAMILLE.

www.ingramcontent.com/pod-product-compliance
Ingram Content Group UK Ltd.
Pitfield, Milton Keynes, MK11 3LW, UK
UKHW021041230726
13926UKWH00004B/1592